Marion Eisenhofer

Sport in der Grundschule

Oldenbourg

PRÖGEL PRAXIS 226

Die Deutsche Bibliothek – CIP-Einheitsaufnahme

Eisenhofer Marion : Sport in der Grundschule /
Marion Eisenhofer. – München : Oldenbourg-
Schulbuchverlag, 2001
(Prögel-Praxis ; Bd. 226: Sport und Spiel)
ISBN 3-486-96026-1

Meinem Vater Martin Eisenhofer gewidmet

1. Auflage 2001 RE
Druck 05 04 03
Die letzte Zahl bezeichnet das Jahr des Drucks.

Umschlagkonzept: Mendell & Oberer, München
Umschlagfoto: Elisabeth Mitterwallner, München
Lektorat: Stefanie Fischer
Herstellung: Fredi Grosser
Zeichnungen: Uta Fischer, München
Satz: Greipel-Offset, Haag/Obb.
Druck und Bindung: Schneider Druck GmbH, Rothenburg ob der Tauber

ISBN 3-486-**96026**-1

Inhaltsverzeichnis

Die Autorin

Die Autorin Marion Eisenhofer studierte in München das Lehramt an Grundschulen mit Hauptfach Sport. Während ihrer 8-jährigen Tätigkeit als Grundschullehrerin sammelte sie vielfältige Erfahrungen im Schulsport der Klassen 1 – 6 und war in der regionalen und landesweiten Lehrerfortbildung als Referentin tätig. Zuletzt gehörte sie dem Multiplikatorenteam für die Einführung des Sportlehrplans in Bayern an.
Seit September 2000 lehrt sie am Staatsinstitut für die Ausbildung von Fachlehrern in München Pädagogik und Schulpädagogik.

Vorwort

In einer Lebenswelt, in der vor allem in städtischen Gebieten das Freizeitverhalten der Kinder von Bewegungsarmut und passivem Rezeptionsverhalten geprägt ist, kommt dem Sportunterricht in der Schule eine immer wichtigere Bedeutung zu. Ein veränderter, den aktuellen Ansprüchen gerecht werdender Sportunterricht regt die Kreativität der Schülerinnen und Schüler an, stärkt ihr Selbstbewusstsein, fördert das Verhalten in der Gruppe und will zum Sporttreiben außerhalb der Schule anregen.

In diesem Buch finden Lehrer und Übungsleiter erfolgreich erprobte Bausteine eines kreativen Sportunterrichts in der Grundschule. Die Unterrichtsbeispiele wurden so konzipiert, dass diese mit wenig Materialaufwand auch mit großen Klassen durchführbar sind. Eine übersichtliche Darstellung ermöglicht eine zeitsparende Vorbereitung und die Vielzahl von Abbildungen erleichtert das Verständnis. Wertvolle didaktische und organisatorische Hinweise tragen zu einem effektiven, reibungslosen Unterrichtsverlauf bei.

Viele Stundenbilder der Klassen 1 und 2 garantieren auch im 3. und 4. Schuljahr einen freudvollen Sportunterricht, in dem die Kinder wertvolle Bewegungserfahrungen sammeln können. Die Unterrichtsbeispiele eignen sich sowohl für Einzel- als auch für Doppelstunden, da die einzelnen Spiel- und Übungsformen in der Regel nicht zwingend aufeinander aufbauen. Die Stundenbilder für das Schwimmen sind so gestaltet, dass auch Nicht- und Halbschwimmer größtenteils integriert werden können.

Ich hoffe, mit diesem Buch dem Sportunterricht in der Grundschule neue Impulse zu verleihen und wünsche Lehrern und Kindern abwechslungsreiche und kreative Sportstunden.

Marion Eisenhofer

I. Kleine Spiele (1. – 4. Klasse)

Kennenlern- und Kooperationsspiele

ABC
Die Kinder stellen sich alphabetisch nach dem Vornamen in einer Linie auf. Ein Hütchen markiert, wo der Erste steht.

Größen ordnen
Die Kinder versuchen, sich mit geschlossenen Augen und ohne zu sprechen der Größe nach in einer Linie aufzustellen. „Blind" und nur mit den Händen vergleichen sie die Größen und reihen sich entsprechend auf. Ein Hütchen markiert, wo der Erste steht.

Gordischer Knoten
Alle Kinder treffen sich mit hoch über dem Kopf erhobenen Armen im Mittelkreis und fassen nach zwei verschiedenen Händen. Ohne die Handfassungen zu lösen, versuchen sie, aus dem Gewirr einen Kreis zu bilden.

Supermaus
Drei „Katzen" stehen auf einer Hallenseite einem Rudel von „Mäusen" gegenüber, die aus ihren Reihen eine „Supermaus" bestimmen, welche die Katzen nicht kennen dürfen. Während die Mäuse die Hallenseite wechseln, versuchen die Katzen, die Mäuse zu fangen. Die Katzen dürfen nur vorwärts laufen. Gefangene Mäuse sitzen am Rand. Die Mäuse siegen, wenn die „Supermaus" unter den letzten vier Mäusen ist. Die Mäuse sollen bei diesem Spiel eine Taktik bzw. Strategie entwickeln, die „Supermaus" zu schützen (Ablenkungsmäuse, Opfermäuse usw.).

Schneeblind
Die Kinder bilden Paare. Der „Sehende" führt den „Schneeblinden" (geschlossene Augen) durch die Halle.

- Der „Sehende" fasst den „Blinden" an der Hand und führt auch über Hindernisse (Langbänke, Kleinkästen etc.).
- Ohne Handfassung, den Hindernissen muss ausgewichen werden. Der „Sehende" steuert den „Blinden" durch Antippen bestimmter Körperteile: Tipp auf den Kopf → Stopp; Tipp auf die Schulter → Vierteldrehung; Tipp auf die Brust → vorwärts gehen; Tipp auf den Rücken → rückwärts gehen etc.
- Ohne Berührung, nur mit akustischem Signal (Summen).

Zehnergleichschritt
Zehn Kinder stellen sich eng hintereinander, umfassen sich an den Hüften und versuchen, gemeinsam zu gehen.

Fliegender Ballon
Zwei oder mehr Kinder treiben gemeinsam einen Luftballon über eine bestimmte Strecke, ohne dass dieser zu Boden fällt und keiner zweimal hintereinander den Luftballon berührt.

Denkmal
Die Kinder bilden Fünfer- oder Sechsergruppen. Jede Gruppe baut ein Denkmal. Vorgaben:

- Möglichst wenig Füße berühren den Boden.
- Möglichst wenig Platz wird beansprucht.
- Alle Hände sind am Boden usw.

Zeigt her eure Füße (und Hände)!
Die Kinder laufen zur Musik frei durch die Halle. Bei Musik-Stopp ruft der Lehrer beispielsweise: „11 Hände, 10 Füße!" Die Kinder finden sich dann z. B. zu Sechst zusammen und stellen ihre Hände und Füße so aneinander, dass die vorgegebene Anzahl erreicht wird. Füße und Hände, die in der Luft sind, zählen nicht mit. Es gibt immer mehrere Lösungsmöglichkeiten.

Solidarität
Ein oder mehrere Fänger versuchen, durch Berühren mit einem Soft- oder Gymnastikball Mitspieler zum Fänger zu machen, um selbst frei zu werden. Zwei Spieler, die sich schnell die Hände reichen, können nicht gefangen werden. Sie müssen aber die Hände sofort wieder lösen, wenn die „Gefahr" vorbei ist.

Sportgeometrie
Die Kinder bilden drei bis vier etwa gleich große Gruppen. Jede Gruppe läuft gemeinsam vorher abgesprochene Formen.

Roboter
Die Kinder bilden Dreiergruppen. Zwei Roboter starten Rücken an Rücken in entgegengesetzte Richtungen und gehen langsam geradeaus. Sie können vom Maschinisten gesteuert werden:

- Antippen der rechten Schulter → Vierteldrehung nach rechts
- Antippen der linken Schulter → Vierteldrehung nach links
- Antippen des Kopfes → stehen bleiben.

Der Maschinist darf immer nur einen Befehl an einen Roboter geben, dann ist der andere Roboter dran. Welcher Maschinist schafft es, seine Roboter so zu steuern, dass sie sich einander gegenüber stehen?

Lauf- und Fangspiele

Versteinern

Drei bis vier „Versteinerer“ versuchen ihre Mitspieler abzuschlagen. Wer „versteinert“ ist, bleibt mit gegrätschten Beinen auf der Stelle stehen und kann erlöst werden, indem ein Mitspieler durch die gegrätschten Beine krabbelt.

Chinesische Mauer

Zwei Langbänke stehen auf der Mittellinie und teilen die Halle in zwei Hälften. Ein „Chinesischer Kaiser“ steht auf der „Chinesischen Mauer“, alle anderen Kinder stehen auf einer Hallenseite. Auf ein Signal (Pfiff, Handzeichen o. Ä.) des Lehrers versuchen die Kinder über die „Mauer“ zu springen, ohne vom „Kaiser“ abgeschlagen zu werden. Abgeschlagene Kinder werden zu Gehilfen des Kaisers. Wenn die „Mauer“ undurchlässig geworden ist, wird eines der übrig gebliebenen Kinder zum Kaiser und das Spiel beginnt von vorne. Kaiser dürfen sich nur auf der Mauer bewegen. Die Kinder müssen über die „Mauer“ springen; die freien seitlichen Zonen sind tabu.

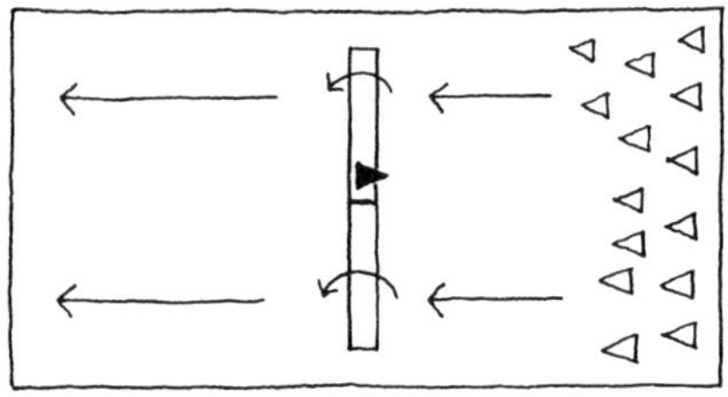

Der Wolf und die Schafe

Fünf Matten liegen mit ca. zwei Meter Abstand in der Mitte der Halle verteilt. Auf jeder Matte befindet sich ein Wolf. Auf der einen Seite des Waldes steht der Schäfer und ruft seine Schafe: „Alle meine Schafe, kommt rüber!“ Die Schafe auf der anderen Seite antworten: „Wir können nicht!“ „Warum nicht?“, fragt der Schäfer zurück. „Die Wölfe sind hungrig!“, geben die Schafe zurück. Er ermutigt sie: „Seid vorsichtig und traut euch!“ Die Schafe versuchen, die Seite zu wechseln, ohne vom Wolf berührt zu werden. Die Wölfe dürfen ihre Matte nicht verlassen. Gefangene Schafe müssen eine Zusatzaufgabe (z. B. in Bauchlage über eine Langbank ziehen) erledigen und dürfen wieder mitspielen.
Variation: Die fünf Matten können unterschiedlich angeordnet werden.

Hundehütte

Ein Innen- und ein Außenkreis bewegen sich gegeneinander. Im Innenkreis befinden sich zwei bis drei Schüler weniger als im Außenkreis. Auf Pfiff springen die Kinder des Innenkreises in die Grätsche (= Hütte). Die Kinder des Außenkreises suchen eine Hütte und kriechen hinein. In der nächsten Runde bilden sie den Innenkreis.

Kinder, die keine Hütte gefunden haben, bleiben im Außenkreis.

Atomspiel

Die Kinder laufen nach Musik durch die Halle. Bei Musik-Stopp ruft/zeigt der Lehrer eine Zahl, zu wie vielen die Kinder sich zusammenschließen sollen. Der Lehrer zeigt z. B. eine 4 → Die Schülerinnen und Schüler bilden Vierergruppen.

Variation: Es müssen zusätzlich Aufgaben ausgeführt werden, dazu liegen z. B. Reifen in der Halle verteilt:

- Zahlen 1 – 3: z. B. 3
  → Drei Kinder schlüpfen in einen Reifen und laufen gemeinsam weiter.

- Zahlen 4 – 8: z. B . 6
  → Sechs Kinder fassen den Reifen von außen und laufen gemeinsam weiter.

Schwarz – Weiß

Die Kinder stehen sich paarweise in Tiefstartposition an der Mittellinie gegenüber. Abstand ca. zwei Meter. Eine Reihe sind die „Schwarzen", die anderen bilden die „Weißen". Die Farbe, die der Lehrer nennt, läuft zur hinter ihr liegenden Hallenwand. Die andere Farbe versucht den Gegenspieler abzuschlagen, bevor dieser die Wand erreicht hat.

Wechsel der Startpositionen:
- Schneidersitz
- Rückenlage
- Bauchlage

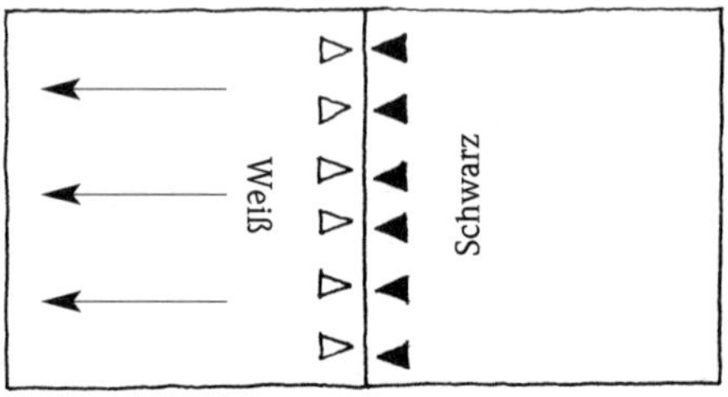

Kommando: „Weiß!"

Kettenfangen
Ein Kind eröffnet das Spiel, indem es versucht, ein anderes abzuschlagen und dieses an der Hand zu nehmen. Nun bemühen sich beide gemeinsam, weitere Schüler zu fangen und die Kette somit zu vergrößern. Besteht die Kette aus vier Kindern, wird sie geteilt. Die beiden Paare fangen weiter bis zu einer neuen Viererkette usw.

Tabu
Fangspiel, bei dem der Mitspieler nicht gefangen werden darf, wenn er eine bestimmte Position, z. B. Bauchlage, einnimmt.

Spiele mit dem Ball

Tunnelball
Die Kinder bilden vier bis fünf Gruppen in Reihenaufstellung. Jede Gruppe erhält einen Ball. Der Erste jeder Reihe rollt den Ball rückwärts durch die gegrätschten Beine seiner Gruppenmitglieder. Der letzte Schüler nimmt den Ball auf, läuft mit ihm nach vorne und beginnt erneut.
Das Spiel ist beendet, wenn die Gruppe wieder in ihrer anfänglichen Aufstellung steht.

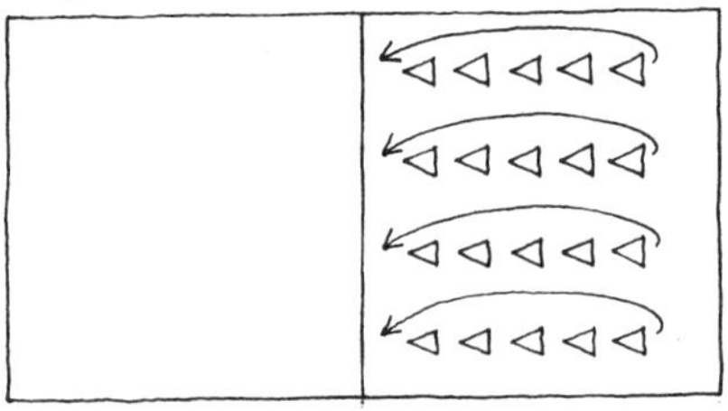

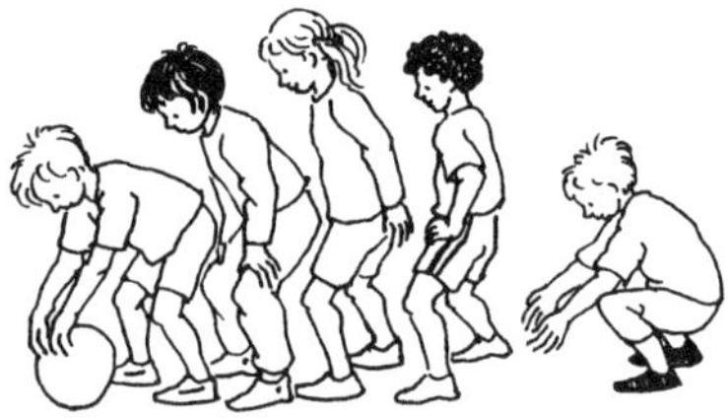

Brückenball
Aufstellung und Spielgedanke wie oben, aber der Ball wird nun mit den über Kopf erhobenen Händen weitertransportiert.
Variation: Tunnel- und Brückenball werden kombiniert, d. h. in der ersten Runde wird der Ball durch die gegrätschten Beine der Mitspieler gerollt, in der zweiten Runde über Kopf weitergereicht.

Fließband
Aufstellung und Spielgedanke wie oben. Der Ball wird nun durch eine seitliche Drehbewegung nach hinten zum nächsten Kind weitergereicht.
Variation: Kombination von Tunnelball, Brückenball und Fließband (drei Durchgänge)

Jägerball
Zwei bis drei „Jäger" erhalten einen Ball und versuchen, die herumlaufenden „Hasen" abzuwerfen. Wer den Ball direkt fangen kann, ohne dass dieser vorher den Boden berührt, löst den Jäger ab und wird so zum Fänger. Abgeworfene Hasen müssen eine Zusatzaufgabe erfüllen (z. B. fünf Liegestützen) und dürfen dann wieder mitspielen.

Tratzball 2 : 1
Zwei Schüler versuchen, durch ständiges Abspiel in Ballbesitz zu bleiben. Der Dritte („in der Tratz") ist bestrebt, den Ball abzufangen. Gelingt das Wegschnappen bzw. Berühren des Balles, erfolgt Rollentausch mit demjenigen Spieler, der den Ball zuvor geworfen hat.

Tigerball (Tratzball) 3 : 2
Drei Kinder versuchen, durch ständiges Abspiel in Ballbesitz zu bleiben. Die anderen zwei („in der Tratz") sind bestrebt, den Ball abzufangen. Gelingt das Wegschnappen bzw. Berühren des Balles, erfolgt Rollentausch mit demjenigen Spieler, der den Ball zuvor geworfen hat.

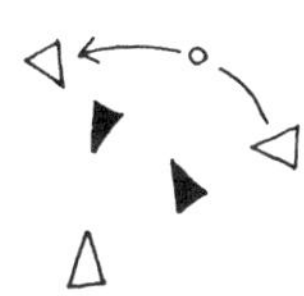

Haltet die Seiten frei!

Die Kinder zweier gleich großer Teams verteilen sich in je einer Spielfeldhälfte. Jeder hat einen Gymnastikball. Auf Pfiff des Lehrers werfen alle Kinder ihren Ball mit Schlagwurf in das gegnerische Feld und versuchen, die eigene Seite möglichst von Bällen freizuhalten. Nach zwei bis drei Minuten pfeift der Lehrer das Spiel ab. Sieger ist die Mannschaft, in deren Hälfte sich weniger Bälle befinden.

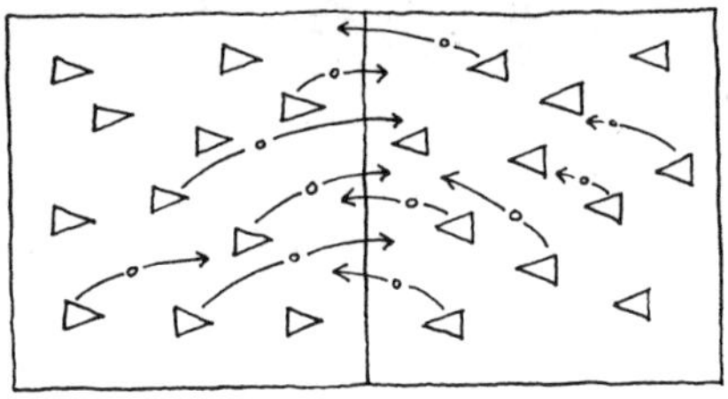

Treffball gegeneinander

Zwischen zwei Mannschaften liegen auf zwei Langbänken sieben Medizinbälle. Jedes Kind hat einen Ball. Die Medizinbälle sollen so getroffen werden, dass sie in das gegnerische Feld fallen. Es darf nur von der Abwurflinie aus geworfen werden.

Sieger ist die Mannschaft, in deren Spielfeld die wenigsten Medizinbälle liegen.

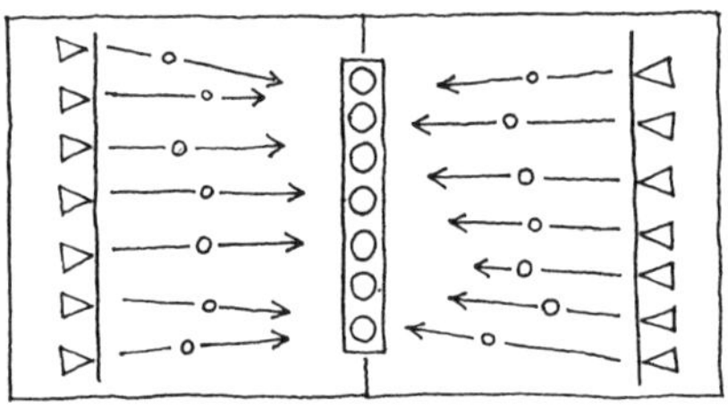

Spiele zum Abwärmen

Goofie

Alle Kinder schließen die Augen, dürfen jedoch sprechen. Sie sind auf der Suche nach „Goofie“, der zwar sehen, dafür aber nicht sprechen kann. „Goofie“ wird zu Beginn unbemerkt vom Spielleiter bestimmt. Alle gehen durcheinander, wer jemanden berührt, fragt: „Goofie?“ Erhält er keine Antwort, weiß er, dass er „Goofie“ gefunden hat, sucht dessen Hand, kann von da an wieder sehen und ist nun auch „Goofie“. Nach und nach werden auf diese Weise alle sehend und vereinigen sich zum Kreis.

Bierdeckeltest
Die Kinder bilden Paare, Partner 1 liegt mit geschlossenen Augen auf dem Boden. Partner 2 legt einen Bierdeckel irgendwo auf den Körper von Partner 1. Dieser muss sagen, wo der Bierdeckel liegt.

Gordischer Knoten
Alle Kinder treffen sich mit hoch über dem Kopf erhobenen Armen im Mittelkreis und fassen nach zwei (entfernten) Händen. Ohne die Handfassungen zu lösen, versuchen sie, aus dem Gewirr einen Kreis zu bilden.

Blinder Kreis
Alle Kinder haben die Augen geschlossen und versuchen einen Kreis zu bilden, ohne zu sprechen.

Der Regenmacher
Die Kinder sitzen mit geschlossenen Augen im Kreis. Der Lehrer beginnt, seine Handflächen aneinander zu reiben. Das Kind zur Rechten übernimmt das Geräusch, dann dessen rechter Nachbar usw. In der nächsten Runde schnipst der Lehrer mit den Fingern, der rechte Nachbar übernimmt usw. Weitere Möglichkeiten:
- Klatschen
- Klopfen auf die Oberschenkel
- Stampfen mit den Füßen
- Pfeifen usw.

Übungen zum bewussten Atmen

Atemquadrat
Vier Kinder legen sich in einem Quadrat so auf den Boden, dass ihr Kopf jeweils auf dem Bauch eines anderen liegt. Nun schließen sie die Augen und konzentrieren sich darauf, wie ihr Kopf sich im Atemrhythmus wiegt. Nach einer Weile versuchen alle, in einen gemeinsamen Atemrhythmus zu finden.

Handauflegen
Die Kinder bilden Paare. Partner 1 legt sich auf den Rücken. Partner 2 kniet sich daneben und legt seine Hand im Wechsel für jeweils ein bis zwei Minuten locker auf den Bauchraum sowie auf den Brustraum. Dabei wird beobachtet, wie sich die Hand durch die Atmung bewegt.

Luftballon
Die Kinder bilden Paare. Partner 1 legt sich entspannt auf den Rücken, schließt die Augen und stellt sich vor, er wäre ein Luftballon. Partner 2 wird zur Luftpumpe, die den Luftballon aufbläst, die Luft aber auch wieder ablassen kann. Macht die Luftpumpe „fff – fff – fff …“, bläst sich der Luftballon auf und wird immer straffer, indem sich die Muskulatur mehr und mehr anspannt. Macht die Luftpumpe „sch – sch – sch …“, als würde Luft ausströmen, sinkt der Luftballon wieder in sich zusammen und die Muskelspannung wird nach und nach zurückgenommen, bis der Luftballon wieder ganz entspannt am Boden liegt.

Bauchatmung
Die Kinder liegen auf dem Rücken und beobachten einen in Nabelhöhe auf dem Bauch liegenden Bierdeckel. Der Bierdeckel wird durch die Atmung in eine regelmäßige Auf- und Abbewegung versetzt. Nach und nach versuchen die Kinder, in eine ruhige Bauchatmung überzugehen, sodass die Bewegung des Bierdeckels immer mehr abnimmt.

Fantasiereisen

Nach bewegungsintensiven Stunden eignen sich Fantasiereisen besonders gut, um die Kinder mental und physisch wieder zu beruhigen. Der Lehrer schickt die Schülerinnen und Schüler auf eine Fantasiereise, indem er mit ruhiger Stimme und leiser Musikuntermalung kleine Geschichten erzählt. Die Kinder liegen dabei mit geschlossenen Augen auf dem Rücken. Zwischen den Sätzen muss genügend Zeit bleiben, damit sich die Kinder in die angesprochene Situation hineinversetzen können. Zum Ende werden sie langsam wieder in die Realität zurückgeholt.

Reise mit mir

Lege dich bequem auf den Boden und schließe deine Augen.
Atme tief ein und aus und spüre, wie sich dein Atem langsam beruhigt und dein Körper entspannter wird.
Lasse dich durch nichts mehr stören. Kein Geräusch kann dich stören. Du bist ganz ruhig und entspannt.
Stelle dir vor, du befindest dich auf einer großen, mit vielen bunten Blumen übersäten Wiese.
Du streifst durch diese Wiese hindurch.
Du spürst unter deinen Fußsohlen das frische Gras.
Es ist weich wie Daunenfedern und warm von der Sonne.
Du hast Lust, dich in das warme und weiche Gras zu legen.
Du liegst wie auf einer weichen, warmen Decke.
Du riechst das Gras und die Erde.
Die Sonne strahlt angenehm warm auf deinen Körper.
Du spürst die Wärme in deinen Händen, Armen und Beinen. Angenehme Wärme durchströmt deinen ganzen Körper.
Am Himmel ziehen kleine weiße Wolken vorbei.
Du bist ganz ruhig, gelöst und entspannt ... ganz ruhig und entspannt.
Zähle nun in Gedanken von 10 bis 0 und komme mit jeder Zahl mehr und mehr in unseren Raum zurück, strecke deine Arme und Beine aus und öffne deine Augen.

Im Raumschiff

Du steigst mit deinem Freund in ein Raumschiff.
Du spürst ganz leicht, wie das Raumschiff abhebt.
Langsam schwebt ihr in den nachtblauen Himmel hinein.
Du schaust zurück zur Erde
und siehst sie immer kleiner und kleiner werden.
Vor dir entdeckst du viele winzige Punkte,
wie Lichtpunkte sehen sie aus.
Du schwebst näher an sie heran,
du weißt, dass es Sterne sind.
Sie leuchten in vielen Farben: Gelb, rot, blau und golden.
Ganz hell und klar leuchten sie.
Du bist wie verzaubert.
Um dich herum ist es ganz still.
Du fühlst dich sicher und geborgen.
Wo du hinschaust – nur glitzernde Sterne.
Langsam nähert ihr euch einem blau schimmernden Stern.
Sicher steuert das Raumschiff auf die Erde zu.
Du spürst, wie es sanft landet.
Du steigst aus und bist wieder zu Hause.

Auf der Wiese

Du liegst auf einer bunten Wiese.
Das Gras duftet.
Die Sonne scheint warm auf deinen Körper.
Die Vögel zwitschern und Schmetterlinge fliegen durch die Luft.
Du schaust dich ein wenig um.
Am Rand der Wiese beginnt ein Weg.
Du gehst den Weg ein Stück entlang und kommst an ein Wäldchen.
Ein Bach plätschert, Steine glitzern im Wasser.
Du fühlst weiches, kühles Moos unter dir.
Die Tannen duften.
Eine Biene summt …
Die Sonne geht allmählich unter und du gehst den Weg wieder zurück.
Du kommst wieder an der Wiese vorbei.
Du streckst und räkelst dich und machst die Augen wieder auf.

II. Schwimmen (1. – 4. Klasse)

Kleine Spiele im Wasser

Tipp:

Es empfiehlt sich, die Spiele bereits vor dem Einsatz im Wasser in der Turnhalle durchzuführen. Wartezeiten beim Erklären werden somit auf ein Minimum reduziert.

Fangspiele

Wer hat Angst vor dem Wassermann?
(= Schwarzer Mann): Auf der einen Breitseite des Beckens befindet sich ein Kind als „Wassermann", das durch seine Frage „Wer hat Angst vorm Wassermann?" die Mitschüler auffordert, die Beckenseite zu wechseln. Der Wassermann versucht, möglichst viele Kinder abzuschlagen, die dann ebenfalls zu „Wassermännern" werden. Der letzte freie Schüler darf das nächste Spiel eröffnen.

Zauberfische
Gerätebedarf: drei bis vier Schwimmbretter

Alle Kinder verteilen sich im Becken. Drei bis vier „Zauberfische" besitzen jeweils ein Schwimmbrett. Sie können die anderen Kinder „verzaubern", indem sie diese mit dem Brett berühren (Abschlag). Abgeschlagene Schüler erstarren zu „Korallen" (halten im Stand die Arme hoch und schwingen sie langsam hin und her). Die Korallen werden erlöst, indem Mitspieler z. B. durch die gegrätschten Beine tauchen (= Befreiung) oder deren Hände berühren.

Kettenfangen
Ein Kind eröffnet das Spiel, indem es versucht, ein anderes abzuschlagen und dieses an der Hand zu nehmen. Nun bemühen sich beide gemeinsam, weitere Schülerinnen und Schüler zu fangen und die Kette somit zu vergrößern. Besteht die Kette aus vier Kindern, wird sie geteilt. Die beiden Paare fangen weiter bis zu einer neuen Viererkette usw.

Tabu
Fangspiel, bei dem der Mitspieler nicht gefangen werden darf, wenn er eine bestimmte Position, z. B. „Ballettbein" einnimmt.

Tauchfangen

Drei bis vier Fänger gehen auf Jagd. Untertauchende Kinder dürfen nicht gefangen werden. Wer abgeschlagen wurde, hebt beide Arme hoch und grätscht die Beine. Gefangene werden erlöst, indem Mitspieler durch die gegrätschten Beine tauchen.

Ballspiele

Haltet das Feld frei!

Gerätebedarf: Zauberschnur, Bälle, Pull-Buoys

Zwei Teams (je eines pro Beckenhälfte), Bälle und Pull-Buoys liegen auf beiden Seiten gleichmäßig verteilt im Wasser.
Jede Mannschaft versucht ihre Seite frei zu halten, indem die Kinder auf Kommando Bälle und Pull-Buoys ins Feld der anderen Mannschaft werfen. Nach dem Schlusspfiff dürfen die Bälle und Pull-Buoys nicht mehr berührt werden. Die Anzahl der in den Feldern liegenden Gegenstände wird verglichen. Die Gruppe, in deren Hälfte die wenigsten Bälle und Pull-Buoys liegen, hat gewonnen.
Tipp: Wenn vor Beginn des Spiels die Anzahl der im Wasser liegenden Gegenstände festgestellt wird, muss bei Spielende nur in einer Hälfte gezählt werden, um den Sieger zu ermitteln.

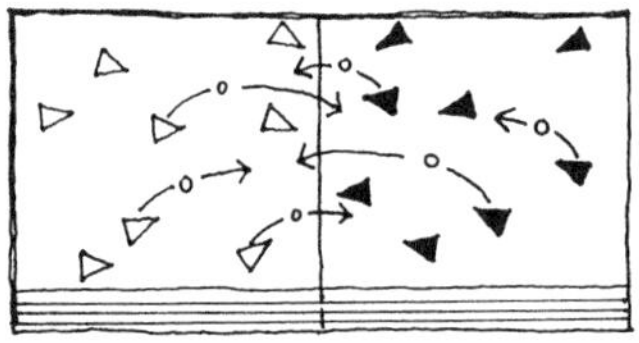

Parteiball

Gerätebedarf: Drei Bälle, zwei Zauberschnüre

Jeweils zwei gleich große Parteien spielen in einem durch die Zauberschnüre abgegrenzten Spielfeld gegeneinander. Jede Mannschaft versucht, durch genaues Zuspiel möglichst lange in Ballbesitz zu bleiben. Erobert der Gegner den Ball, kommt dieser in Ballbesitz.

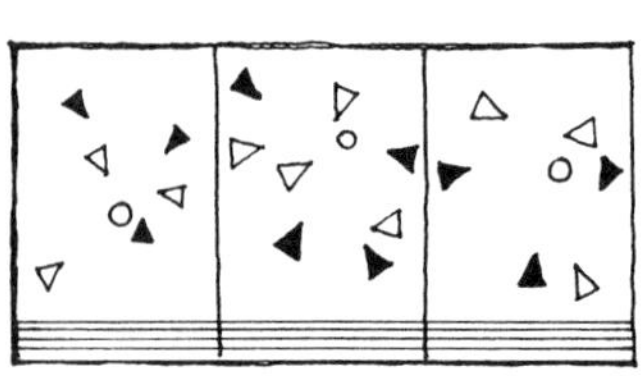

Treibball
Gerätebedarf: Zwei oder mehrere Bälle, evtl. Schwimmbretter

Zwei Parteien (je eine pro Beckenhälfte), zwei oder mehrere Bälle in der Mitte des Beckens: Die Kinder versuchen, die Bälle mit Hilfe von Schwimmbrettern (alternativ: Hände) durch Wellenbewegungen zur gegnerischen Seite zu befördern. Die Bälle dürfen nicht berührt werden und die Schülerinnen und Schüler müssen in ihrer Spielfeldhälfte bleiben.

Sicherheitsmaßnahmen beim Schwimmen

Vor dem Schwimmen zu klären

- Schwimmzeug nicht vergessen
- Schriftliche Entschuldigung bei Krankheit mitbringen
- Aufgaben der zuschauenden Kinder
- Verhalten auf dem Weg zum Hallenbad
- Aufsuchen der Toilette vor dem Schwimmen
- Verhalten beim Duschen und Umkleiden
- Besprechen der Baderegeln
- Klären der Ordnungsformen

Baderegeln

- Wir legen Schmuck und Uhren ab.
- Wir haben nichts im Mund (Kaugummi, Bonbon).
- Wir laufen nicht im Hallenbad.
- Wir tauchen und schubsen niemanden.
- Wir spritzen niemanden an, der es nicht will.
- Wir springen nur in der dafür vorgesehenen Zone.
- Wir achten auf die Signale und Anweisungen des Lehrers und Bademeisters.
- Wir melden uns ab, wenn wir auf die Toilette gehen.

Ordnungsformen beim Schwimmen

Außerhalb des Wassers

Sammeln auf der Wärmebank nach dem Duschen, sowie nach langem Pfiff und Fingerzeig des Lehrers zur Wärmebank.
Anstellen am Beckenrand in drei Reihen nach langem Pfiff und Fingerzeig des Lehrers zur entsprechenden Beckenseite.

Im Wasser

Sammeln auf der Treppe nach kurzem Pfiff und Fingerzeig des Lehrers zur Treppe.
Verlassen des Wassers und Aufräumen der Geräte nach zwei langgezogenen Pfiffen.

Spiel- und Übungsformen mit der Noodle

Lernziele: Kooperation
Steigerung der Wassersicherheit
Verbesserung des Brustbeinschlags
Gerätebedarf: Schwimm-Noodles

Unterrichtsverlauf

Einstimmung

Für je drei Schüler zwei Noodles:

„Zug“
Dreiergruppen halten sich jeweils seitlich an zwei Noodles fest und gehen/laufen/hüpfen vorwärts oder rückwärts durch das Wasser.

Varianten: Bei Musik-Stopp oder Pfiff
- steigt der Hintere aus dem „Zug“ aus und wechselt in ein anderes „Abteil“ (Gruppe).
- taucht der Mittlere unter einer Noodle durch in ein anderes Abteil.
- taucht der ganze Zug unter.
- hängen sich alle Waggons aneinander an und bilden einen langen Zug.

„Sänfte“
Der mittlere Schüler darf die Beine anhocken und wird dadurch „getragen“, die beiden anderen Kinder ziehen ihn durchs Wasser.

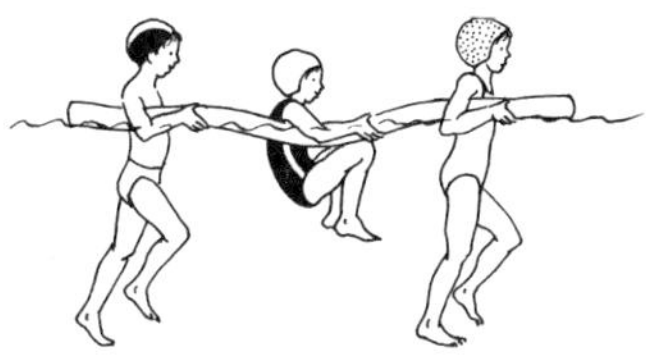

Hinweise und Tipps

- Die Kinder bilden Dreiergruppen. Sollten Schüler übrig bleiben, sind auch Vierergruppen möglich.
- Eine Gruppe demonstriert die Übungen zunächst.

- Bei den Vierergruppen gibt es zwei „Mittlere“.
- Das Untertauchen in der Gruppe mit Griff rechts und links an den Noodles vermittelt ängstlichen Schülern Sicherheit.

- Die Kinder wechseln sich innerhalb ihrer Gruppe selbstständig ab. Klappt dies nicht → Wechsel bei Musik-Stopp oder Pfiff.

Varianten:

- Der mittlere Schüler sitzt bequem auf den Noodles, Arme und Beine hängen nach außen.
- Der mittlere Schüler liegt quer zu den Noodles auf dem Bauch.
- Der mittlere Schüler liegt quer zu den Noodles auf dem Rücken.

Hauptteil

Verbesserung des Brust- bzw. Kraulbeinschlags

- Kraulbeinschlag in Bauchlage
- Kraulbeinschlag in Rückenlage
- Brustbeinschlag in Bauchlage
- Brustbeinschlag in Rückenlage
- Nach dem Brustbeinschlag kurz gleiten
- Mit möglichst wenig Brustbeinschlägen zur anderen Seite gelangen

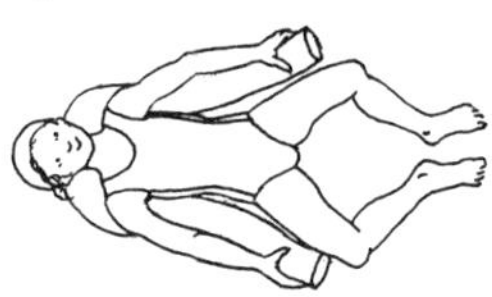

- Die Schüler starten im Wasser oder am Beckenrand nach einem Sprung mit der Noodle. (→ Sprünge mit der Noodle)
- Hinweis beim Kraulbeinschlag: „Die Füße bewegen sich an der Wasseroberfläche, so dass es spritzt!" → Absinken der Beine verhindern.
- Der Lehrer gibt Hinweise zur richtigen Technik.

Bewegungsaufgaben zur Technik des Brustbeinschlags:

- „Drehe deine Füße nach dem Anfersen nach außen wie Charly Chaplin."
- „Schlage deine Fußflächen am Ende des Schwungs zusammen."

Ausklang

„Schäfflertanz"

Die Hälfte der Schüler bildet im schultertiefen Wasser einen Innenstirnkreis. Die Kinder halten Noodles wie Torbögen. Die anderen Schüler laufen, schwimmen oder tauchen im Uhrzeigersinn durch diese Bögen hindurch.

Die stehenden Kinder bestimmen die Höhe der Torbögen.

Wechsel der Gruppen nach akkustischem Signal.

- Für den Kreis Schüler mit schneller Auffassungsgabe wählen.
- Erst wenn der Kreis steht, begibt sich die 2. Hälfte ins Wasser.
- Hinweis: „Beginnt bei Anna und bewegt euch weiter zu Markus." („Uhrzeigersinn" oft zu abstrakt)
- Evtl. Hinweis: „Keiner überholt den anderen!"

Spiel- und Übungsformen mit dem Schwimmbrett

Lernziele: Erspüren des Auftriebs
Steigerung der Wassersicherheit
Erlernen bzw. Verbessern des Beinschlags

Gerätebedarf: Je Kind ein Schwimmbrett, drei Joghurtbecher (gleiche Größe)

Unterrichtsverlauf

Didaktische Überlegungen

Einstimmung

Spiel: „Zauberfische“

Alle Schüler verteilen sich im Becken. Drei bis vier Zauberfische schlagen die Kinder mit Schwimmbrettern ab, diese erstarren zu Korallen (halten im Stand die Arme hoch und schwingen sie langsam hin und her). Die Korallen werden erlöst, indem Mitspieler z. B. durch die gegrätschten Beine tauchen.

- Je größer Klasse und Schwimmbad, desto mehr Zauberfische einsetzen!
- Alternative als Befreiung für Schüler anbieten, die sich nicht trauen zu tauchen, z. B.: Handschlag.

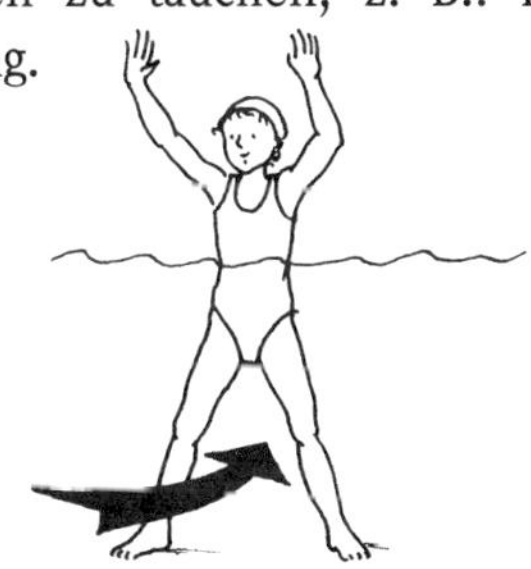

Hauptteil

Übungen zur Steigerung der Sicherheit im Wasser und zum Erspüren des Auftriebs

- „Wellenbad“: Die Schüler drücken das Brett mit beiden Händen unter Wasser und ziehen es wieder hoch.
- „Surfer“: Die Kinder versuchen, sich im Wasser auf das Brett zu stellen.
- „Motorbootfahrer“: Die Kinder setzen sich auf das horizontal im Wasser liegende Brett.
- „Haiflosse“: Die Kinder klemmen das Brett wie eine Haiflosse zwischen die Oberschenkel und versuchen, so zu schwimmen bzw. sich im Seichten durchs Wasser zu stützen.

- Jedes Kind hat ein Brett.
- Jede Übung zunächst von einem Schüler demonstrieren lassen!

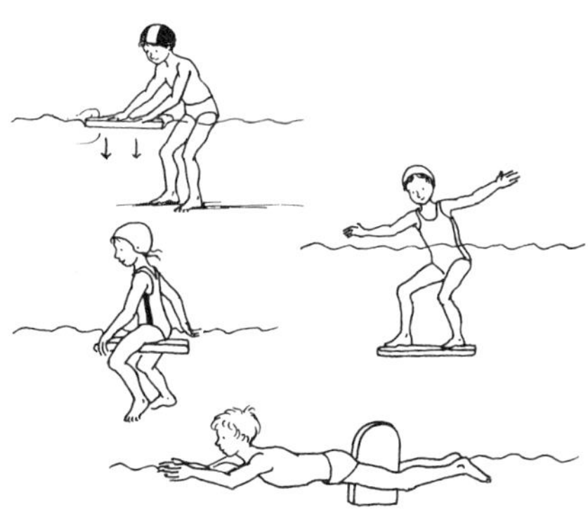

- „Qualle“: Die Kinder halten das Brett eng vor der Brust, hocken die Beine an und drehen sich um ihre Längsachse.
- Die Kinder erfinden selbst Kunststücke mit dem Schwimmbrett.

Übungen zum Erlernen bzw. Verbessern des Kraul- und Brustbeinschlags

- Kraulbeinschlag in Bauchlage

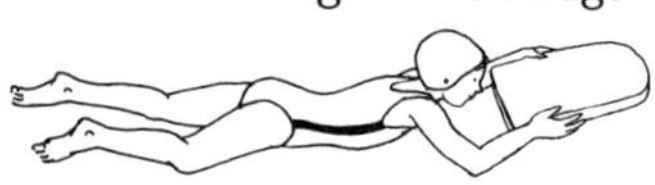

- Kraulbeinschlag in Rückenlage

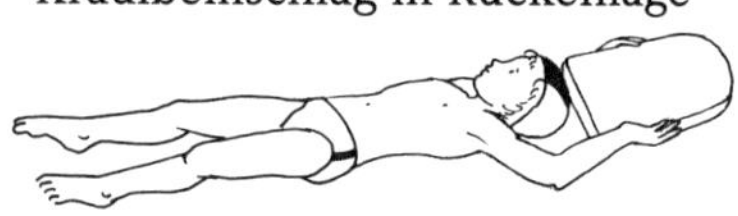

- Brustbeinschlag in Bauchlage

- Mit möglichst wenig Brustbeinschlägen zur anderen Seite gelangen
- Brustbeinschlag in Rückenlage

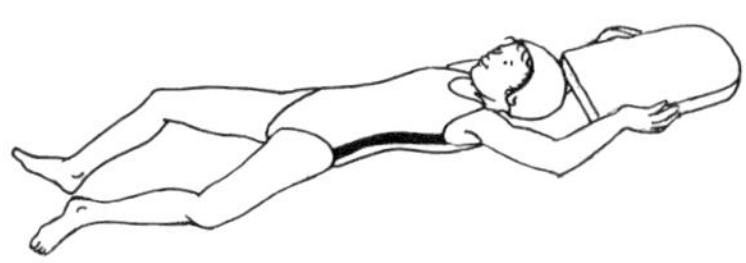

- Die Schüler starten im Wasser oder nach einem Sprung mit dem Brett (→ Sprünge mit dem Brett)
- Hinweis beim Kraulbeinschlag: „Die Füße bewegen sich an der Wasseroberfläche, so dass es spritzt!“ → Absinken der Beine verhindern!
- Der Lehrer gibt Hinweise zur richtigen Technik.
- Atmung demonstrieren lassen. Hinweis: „Atme über Wasser ein und ins Wasser aus.“
- Die Arme halten das Brett fast gestreckt.
- Die Brettspitze zeigt nach oben, sonst „gräbt“ sich das Brett im Wasser ein.
- Atmung demonstrieren lassen. Hinweis: „Atme beim Anfersen der Füße ein und beim Strecken der Beine aus.“
- „Zähle, wie viele Beinschläge du brauchst.“
- Die Brettspitze zeigt nach oben, sonst „gräbt“ sich das Brett im Wasser ein.

Spiel- und Übungsformen mit der Zauberschnur

Lernziele: Sammeln vielfältiger Erfahrungen im Wasser
Steigerung der Wassersicherheit
Verbesserung des Brustbeinschlags

Gerätebedarf: Zwei Zauberschnüre

Unterrichtsverlauf	*Hinweise und Tipps*
Einstimmung	
Spielerische Übungsformen Zwei Innenstirnkreise, die Kinder halten sich mit beiden Händen an der Zauberschnur fest. 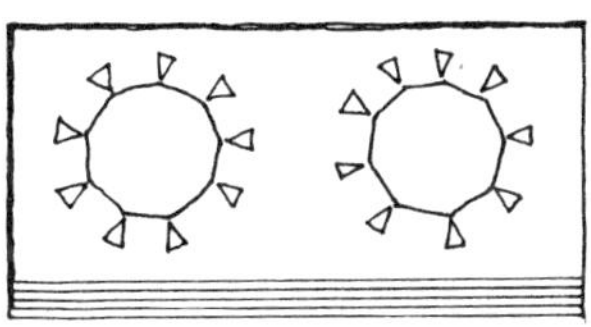	• Falls die Zauberschnüre mit Haken versehen sind, diese verhaken, Zauberschnüre ohne Haken verknoten, z. B.: 
• Auf- und nieder hüpfen mit Griff beider Hände an der Zauberschnur. • Zauberschnur hoch halten: Seitanstellschritte bzw. beidbeinige Hüpfer nach rechts und links. • Zauberschnur hoch halten: Mit gestreckten Armen hinter den Rücken ziehen und wieder vor die Brust. • Zauberschnur in Kniehöhe: Darüber steigen bzw. hüpfen.	• Die Mädchen verteilen sich um den rechten, die Jungen um den linken Kreis. (Nichtschwimmer im seichten Bereich) „Wer steht zuerst mit Handfassung beider Hände an der Zauberschnur im Kreis?" • Hinweis: „Die Schnur muss immer gespannt sein."
• Nach dreimaligem Hüpfen untertauchen. Wer bleibt am längsten unten?	• Varianten: Unter Wasser ausatmen, die Augen öffnen, ins Wasser „brüllen" etc.
Zwei Kreise, die Kinder halten sich mit der rechten (bzw. linken) Hand an der Zauberschnur fest.	

- Gehen/laufen/hüpfen mit Richtungswechsel auf Pfiff.

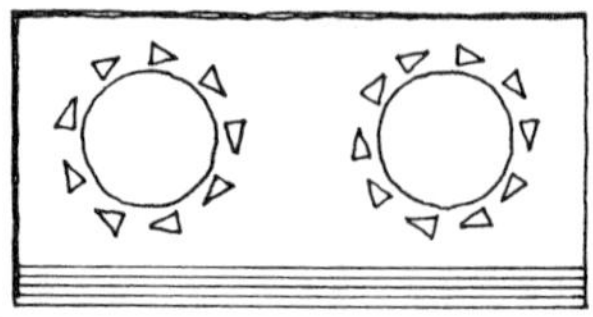

- „Schwimmender Kreis“: Die Kinder halten mit der rechten Hand die Zauberschnur fest und schwimmen im Kreis.

  → Richtungswechsel

- Welcher Kreis läuft am schnellsten?
- Variante: Untertauchen bei langgezogenem Pfiff.
- Achtung: Das Lehrschwimmbecken wird nach hinten immer tiefer. Nichtschwimmer geraten evtl. in den tiefen Bereich. Mögliche Alternative: Richtungswechsel nach nur fünf Schritten bzw. Hüpfern.

Hauptteil

- **Brustbeinschlag**

  Nur für Schwimmer!

  Die Kinder werden in zwei Gruppen eingeteilt. Gruppe 1 steht im Wasser oder startet vom Beckenrand aus. Diese Schüler fassen die Zauberschnur mit beiden Händen. Die Zauberschnur wird von zwei am Beckenrand gehenden Kindern durch das Wasser gezogen. Die Arme der Schwimmer sind gestreckt, die Zauberschnur soll an der Wasseroberfläche bleiben. Die Kinder führen den Brustbeinschlag aus.

  Gruppe 2 sitzt auf der Wärmebank und beobachtet,

  ob die Arme der Schwimmer gestreckt sind,

  ob die Zauberschnur an der Wasseroberfläche ist,

  ob alle Kinder auf gleicher Höhe schwimmen.

  → Wechsel der Gruppen

- Die Anzahl der Gruppen kann je nach Klassenstärke und Breite des Schwimmbeckens variieren.
- Es ist vorteilhaft, die Gruppeneinteilung nach der Leistungsfähigkeit der Kinder vorzunehmen, d. h. schnelle Schwimmer → Gruppe 1, langsame Schwimmer → Gruppe 2.
- Gemeinsamer Beginn auf Signal
- Hinweis: „Alle schwimmen auf gleicher Höhe. Die Schnellen passen sich den Langsameren an!“

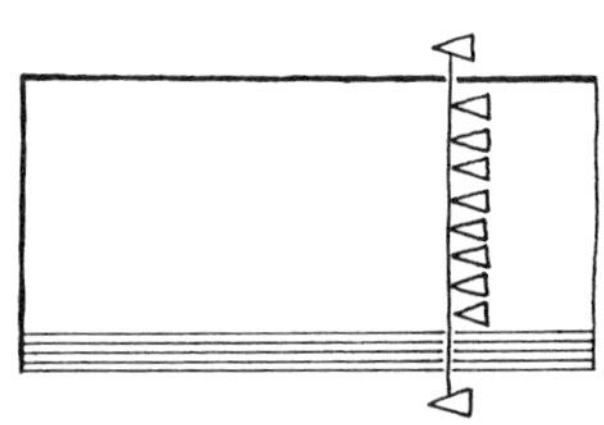

- **Zonenspringen**
  Springen vom Beckenrand über eine schräg über das Wasser gespannte Zauberschnur. Jedes Kind sucht sich die Absprungstelle aus, die es beim Springen gerade über die Markierung kommen lässt.

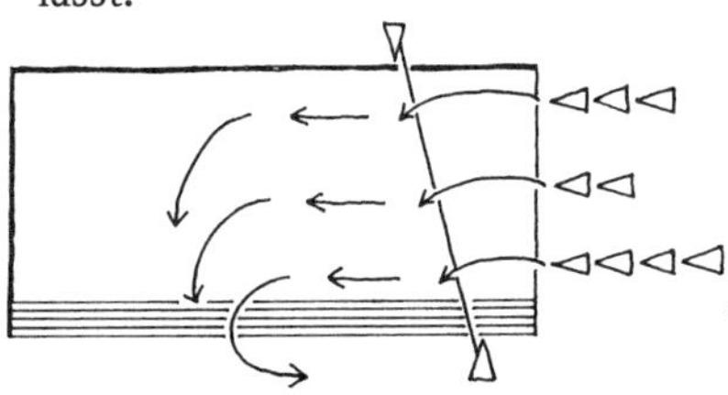

- **Zonenspringen mit anschließendem Delfinsprung**
  Eine zweite Zauberschnur wird einige Meter weiter parallel zur ersten Schnur gespannt.
  Nach dem Sprung vom Beckenrand über die erste Schnur schwimmen die Kinder weiter zur zweiten Schnur und überwinden diese mit einem Delfinsprung.

- **Zonenspringen mit anschließendem Tauchen**
  Wie oben, aber unter der zweiten Schnur wird hindurchgetaucht.

- Die Enden der Zauberschnur werden von zwei Kindern festgehalten bzw. an der Leiter (falls vorhanden) fixiert. Passive (zuschauende) Schüler einsetzen. Die Kinder versuchen, ihre Sprungleistung selbst richtig einzuschätzen.
- Hinweis: „Springe erst, wenn dein Vorgänger die Landestelle verlassen hat! Schwimme nach deiner Landung sofort einige Meter weiter!“

- Zwei weitere Schüler stehen am Beckenrand und stellen sich mit je einem Fuß auf ein Ende der Zauberschnur.

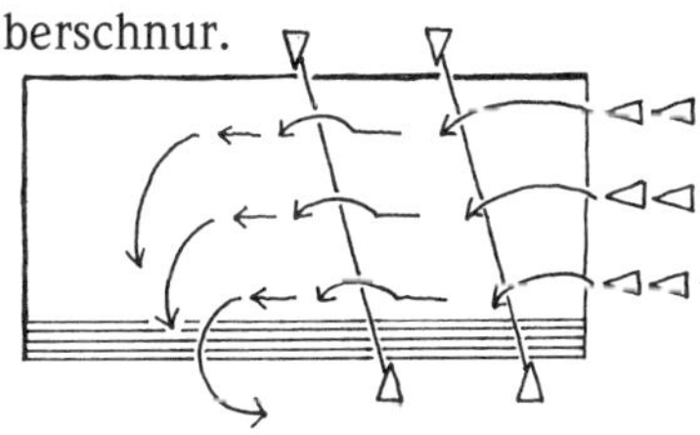

Aquajogging mit der Noodle

Lernziele: Erfühlen des Widerstands und der Auftriebskraft des Wassers
Angstabbau und Wassergewöhnung
Gerätebedarf: Schwimm-Noodles

Unterrichtsverlauf

Einstimmung

Spiel: „Fische befreien"
Zwei bis drei Fängerpaare („Fischer") wollen ihren gefangenen „Fisch" im „Boot" (Zwischenraum der Noodles) in den „Hafen" bringen. Ein „Hai" versucht, sich die gefangenen Fische zu schnappen, bevor diese den Hafen erreicht haben. Wenn der Hai einen gefangenen Fisch berührt, ist dieser wieder befreit. Ist der Fisch sicher in den Hafen gebracht worden, muss er auf einen weiteren Fisch warten, dann dürfen beide zurück ins Spiel.

Hinweise und Tipps

- Der „Hafen" wird durch am Beckenrand liegende Noodles markiert.
- Es ist günstig, einen guten und ausdauernden Schwimmer als Hai einzusetzen, da dieser eine größere Reichweite hat und mehr Bewegung ins Spiel bringt.

Hauptteil

Jeder Schüler bekommt eine Noodle.

Aquajogging mit der Noodle
- Alleine auf beliebigem Weg durch das Becken.
- Zu zweit: Der Hintere hält sich an der Noodle des Vordermanns fest.
- Zu mehreren: Die Kinder bilden eine lange Schlange, der Hintere hält sich jeweils an der Noodle des Vordermanns fest.

Technik des Aquajoggings:
Die Kinder sitzen mit aufrechtem Oberkörper auf der Noodle. Die Hände unterstützen paddelnd die Vorwärtsbewegung. Wenn die Kinder mit den Füßen den Boden erreichen, stoßen sie sich meist ab, im Tiefen wird die Laufbewegung ohne Bodenkontakt ausgeführt.

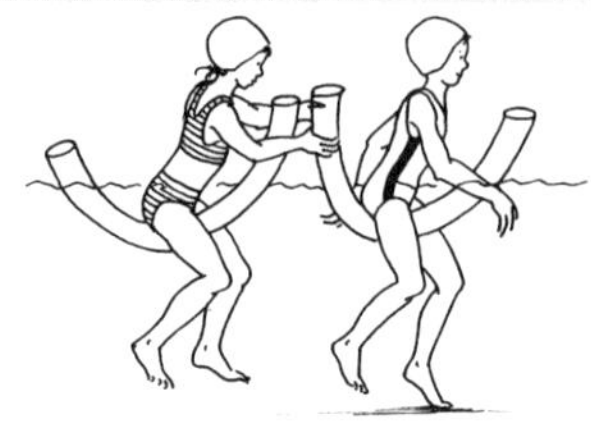

- Bei verschieden farbigen Noodles: Kinder mit der gleichen Noodlefarbe finden sich zu einer Schlange oder einem Kreis zusammen.

Aquajogging auf vorgegebenen Raumwegen

- Die Kinder bilden einen Kreis und bewegen sich im Uhrzeigersinn vorwärts.
- Die Kinder bilden einen Innen- und einen Außenkreis. Der Außenkreis bewegt sich wie vorhin im Uhrzeigersinn vorwärts, der Innenkreis gegen den Uhrzeigersinn.
- Polonaise
  Die Kinder bilden eine lange Schlange, die sich in der Mitte des Beckens zur kurzen Seite bewegt, wo auch der Lehrer steht. Beim Lehrer angekommen, teilt sich die Schlange im Reißverschlussverfahren: Das 1. Kind geht nach rechts, das 2. Kind nach links, das 3. Kind nach rechts etc. und „joggt“ auf der entsprechenden Seite zurück zum Ausgangspunkt. Dort treffen jeweils zwei Kinder aufeinander, „joggen“ gemeinsam bis zum Lehrer, wo wieder ein Paar nach rechts, das nächste nach links etc. abbiegt → Treffen zu viert.

Ausklang

Kinder erfinden Kunststücke

Zu zweit und mehreren auf einer oder mehreren Noodles sitzen u. Ä.

Zu wie vielen könnt ihr auf einer Noodle sitzen?

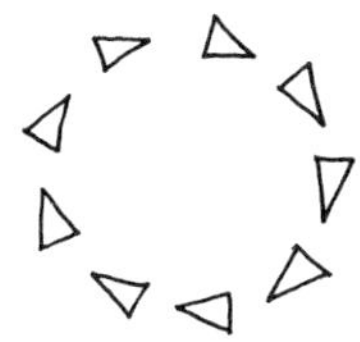

- Alle diese Raumwege können in einer anderen Stunde auch geschwommen werden.

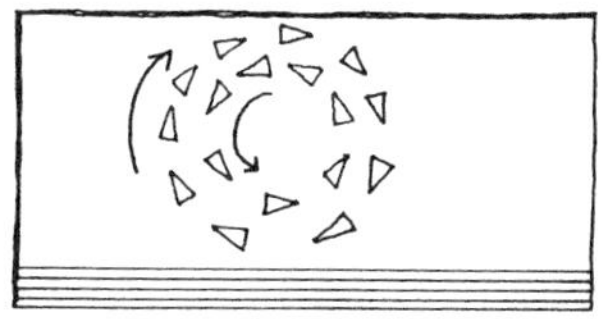

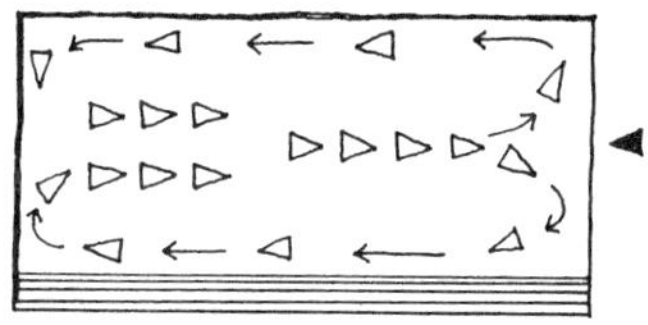

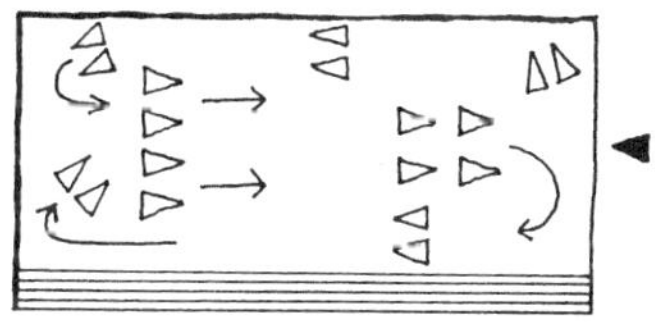

Kreatives Schwimmen

Lernziele: Ausdauernd schwimmen
Schwimmen auf verschiedenen Raumwegen
Sich auf einen Partner einstellen
Gestaltungsmöglichkeiten des Schwimmens kennen lernen und selbst finden

Diese Stunde ist nur für Schwimmer geeignet.

Gerätebedarf: Symbolkarten (Symbole s. u.)

Unterrichtsverlauf

Einstimmung

Schwimmen auf verschiedenen Raumwegen mit einem oder mehreren Partnern

- Kreis 
- Zickzack 
- Schlangenlinien 

Hinweise und Tipps

- Freie Aufstellung der Kinder im Wasser
- Der Lehrer zeigt Bildkarten mit entsprechenden Symbolen (die Raumwege können auch durch Gestik dargestellt werden).
- Partner 1 schwimmt vor, Partner 2 (und 3) schwimmt nach. Nach jedem Symbol wechseln die Partner ihre Position.

Hauptteil

Synchronschwimmen mit dem Partner (auch zu dritt möglich)

- 3 Züge Brust, Kopfdrehen nach rechts, 3 Züge Brust, Kopfdrehen nach links etc.
- 3 Züge Brust, Winken mit der rechten Hand, 3 Züge Brust, Winken mit der linken Hand etc.

- Die Schüler beginnen auf ein abgesprochenes Signal (z. B. sie nicken einander zu) und schwimmen nach vorgegebenem Muster eine Längsbahn.
- Jede Übung demonstrieren lassen!
- Hinweis: Ziel ist das Schwimmen auf gleicher Höhe sowie das gleichzeitige Ankommen.
  → Der Schnellere muss sich dem Langsameren anpassen!
- Besonders synchrone Leistungen demonstrieren lassen!

- 3 Züge brustschwimmen, 3 Züge brusttauchen (knapp unter der Wasseroberfläche)
- 3 Züge Brust, Rolle um die Längsachse (Körper bleibt parallel zur Wasseroberfläche) etc.
- 3 Züge Brust, Rolle vorwärts etc.
- 3 Brustbeinschläge in Rückenlage (Hände paddeln zur Stabilisierung neben der Hüfte), „Ballettbein" (Herausstrecken eines Beines) etc.
- 4 Kraularmzüge, 4 Brustarmzüge (jeweils mit entsprechendem Beinschlag)
- Die Kinder schwimmen selbst erdachte Formen.

- Erkenntnis → Gleiche Tauchtiefe wichtig, da der tiefer Tauchende mehr Zeit benötigt.
- Hinweis: „Sieh nach dem Tauchen, Rollen o. Ä. nach, ob dein Partner schon bereit ist, weiterzuschwimmen. Warte gegebenenfalls auf ihn."

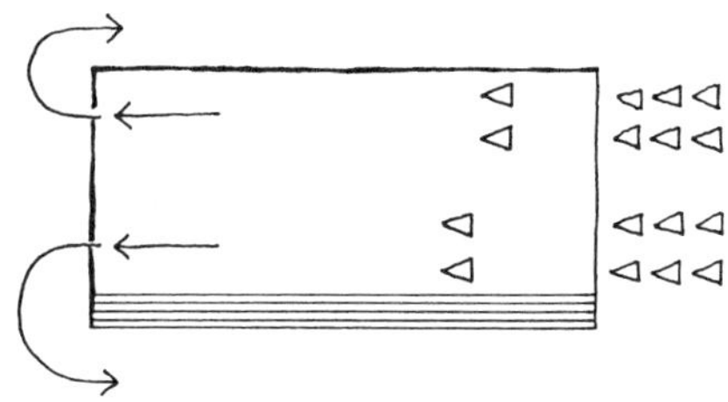

Ausklang

Kreatives Gestalten mit dem Partner

„Gestalte mit deinem Partner eine Bahn, die ihr dann gemeinsam vorführt."

Die Kinder demonstrieren ihre Ergebnisse.

- Zwei Paare gleichzeitig demonstrieren lassen → Zeitersparnis.
- Nicht-Demonstrierende sitzen auf der Wärmebank.
- Würdigung aller Ergebnisse.
- Herausstellen der Originalität jedes Beitrags.

Kreatives Wasserspringen

Lernziele: Verschiedene Sprungformen kennen lernen und ausführen
Wassersicherheit steigern und Freude am Springen erleben
Sich auf einen Partner einstellen
Gefahren erkennen und sich sicherheitsbewusst verhalten

Gerätebedarf: –

Unterrichtsverlauf

Einstimmung

Synchronschwimmen mit einem oder mehreren Partnern (Whl. von UB „Kreatives Schwimmen")

Alternativ für Nichtschwimmer:
Spiel, z. B.: „Kettenfangen" (siehe UB „Spiele im Wasser")

Hinweise und Tipps

- Freie Aufstellung der Schüler im Wasser.
- Die Kinder wiederholen kurz die Grundsätze des Synchronschwimmens (alle machen zur gleichen Zeit in gleichem Tempo das Gleiche).

Hauptteil

Springen vom Beckenrand:

Tiersprünge

- „Hasenhupf"
- „Entensprung" (Flugbewegungen mit abgewinkelten Armen, Beine nach hinten abgewinkelt)
- „Froschsprung" (Bauchlandung!)
- „Pinguin" (Mit anliegenden Armen werden die Hände und Füße seitlich abgespreizt. Kleiner Hopser vom Beckenrand mit senkrechtem Eintauchen.)
- Die Kinder erfinden weitere Tiersprünge.

Sprünge mit unkontrollierter Landung

- „Hans guck in die Luft"
- „Zappelphilipp"

Hinweise und Tipps:

- Jeder Sprung wird 1 x (2 x) ausgeführt. Nach dem Sprung schwimmt der Schüler noch drei Züge weiter, verlässt dann das Becken über die Treppe und stellt sich wieder in seiner Reihe an.
- Jeden Sprung von einem Kind demonstrieren lassen!
- Hinweis: „Springe erst, wenn dein Vorgänger die Landestelle verlassen hat!"
  → Sicherheitserziehung

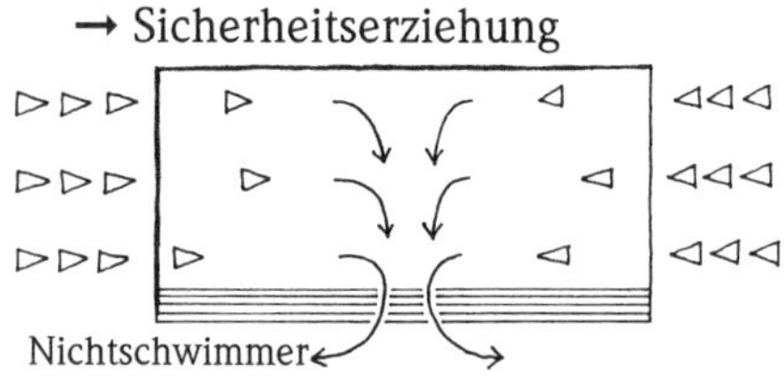

- „Laufsprung" (Laufbewegungen mit Armen und Beinen)
- „Harakiri" (Wie bei der Selbstverteidigung mit einem Bein voraus springen, lauter Schrei!)
- „Bombe" (Beine anhocken und mit beiden Armen umfassen.)
- „Drehsprung" (halbe bzw. ganze Drehung)

Partnersprünge

- Springen mit Handfassung fußwärts vorwärts/rückwärts (evtl. auch kopfwärts).
- Gleichzeitiges (synchrones) Springen der oben genannten Sprünge.

- Auch zu dritt möglich.
- Die Partner einigen sich gemeinsam auf einen Sprung.
- Absprung der Partner nach vereinbartem Signal (z. B. Zuruf: „Hopp!")

Ausklang

„Gestaltet zu zweit oder zu dritt eine Längsbahn! Beginnt mit einem Sprung und schließt Formen des Synchronschwimmens und -tauchens an!"
Die Kinder demonstrieren ihre Ergebnisse.
Alternativ für Nichtschwimmer:
„Führe mit deinem Partner einen Sprung eurer Wahl vor!"

- Zwei Paare/Gruppen gleichzeitig demonstrieren lassen → Zeitersparnis
- Nicht-Demonstrierende sitzen auf der Wärmebank.
- Würdigung aller Ergebnisse
- Herausstellen der Originalität jedes Beitrags.

Kreatives Wasserspringen II

Lernziele: Verschiedene Sprungformen kennen lernen und ausführen
Wassersicherheit steigern und Freude am Springen erleben
Sich auf andere einstellen
In der Gruppe eine Sprungfolge gestalten und demonstrieren
Gefahren erkennen und sich sicherheitsbewusst verhalten

Gerätebedarf: Gymnastikreifen, Schwimmbretter, Bälle, Noodles, Noodle-Reifen

Unterrichtsverlauf

Einstimmung

Spiel: „Versteinern"
Ca. zehn Gymnastikreifen liegen frei im Wasser verteilt. Drei bis vier Versteinerer lassen ihre Mitschüler zu bewegungslosen Statuen erstarren, indem sie sie abschlagen. Der Abgeschlagene kann sich erlösen, wenn er einen Delfinsprung in einen der Reifen ausführt. Liegt kein Reifen in der Nähe, kann er von Mitspielern gebracht werden.

Hinweise und Tipps

- Anzahl der Versteinerer und Reifen je nach Klassenstärke.
- Delfinsprung in den Reifen zu Beginn von einem Kind demonstrieren lassen.
- Ängstliche Schüler können statt des Delfinsprungs auch fußwärts durch den Reifen schlüpfen.

Hauptteil

Springen vom Beckenrand

Freies Springen
Jeder Schüler führt einen Tiersprung sowie einen weiteren Sprung der vorigen Stunde aus.

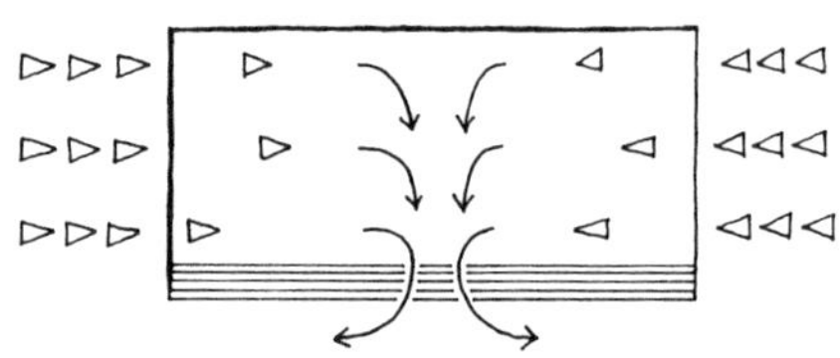

Hinweise und Tipps

- Jeder Sprung wird 1 x (2 x) ausgeführt. Nach dem Sprung schwimmt der Schüler noch drei Züge weiter, verlässt dann das Becken über die Treppe und stellt sich wieder in seiner Reihe an.
- Jeden Sprung von einem Kind demonstrieren lassen!
- Hinweis: „Springe erst, wenn dein Vorgänger die Landestelle verlassen hat!" → Sicherheitserziehung

Sprünge mit dem Schwimmbrett

- „Wasserskifahrer" (Mit den Füßen auf ein Brett springen)
- „Brettlhocker" (Auf dem schwimmenden Brett im Sitz landen)
- „Torwart" (Im Sprung ein vom Partner geworfenes Brett fangen)

Sprünge mit der Noodle

- „Nudelhocker" (Im Reitersitz auf einer oder mehreren Noodles landen – auch von der Seite möglich)
- „Weitsprung" über eine ins Wasser geworfene Noodle
- „Nudelreiter" (Mit der Noodle zwischen den Beinen ins Wasser springen, Noodleenden festhalten)

Sprünge mit dem Noodle-Reifen

- „Nudelhocker" (Im Sitzen im Noodle-Ring landen)
- „Torpedo" (Fußsprung durch den Noodle Ring)
- Fußsprung ins Wasser mit Auftauchen im Reifen

Sprünge mit dem Ball

- „Torwart" (Im Sprung einen vom Partner geworfenen Ball fangen)

- Hinweis beim „Wasserskifahrer": „Wirf das Brett weit vom Beckenrand weg!" (Beim Aufspringen auf das Brett rutschen die Kinder meist nach hinten weg. Bei zu geringem Abstand zum Beckenrand könnten sie sich den Kopf anschlagen.)
- Die Noodles mit Hilfe der Verbindungsstücke zu Reifen zusammenstecken bevor sie nass werden → bessere Stabilität.

Ausklang

Sprungshow

Die Kinder bilden vier Gruppen und üben eine kleine Sprungshow ein. Sie können dabei alle bisher verwendeten Materialien benutzen.

Die Kinder demonstrieren ihre Ergebnisse.

- Die Gruppenbildung erfolgt selbstständig durch die Schüler. Die Gruppengrößen müssen nicht gleich sein!
- Der Lehrer markiert mit Tauchringen die Übungsstationen.
- Die Übungszeit richtet sich nach der verbleibenden Restzeit sowie nach dem Engagement der Kinder.
- Der Lehrer gibt zwei Minuten vor Aufführungsbeginn ein Zeichen.

Kunststücke im Wasser

Lernziele: Auftriebserfahrungen sammeln
Gestreckte Gleitlage einnehmen
Angstfreies Experimentieren im Wasser
Sich auf einen Partner einstellen
Kreatives Gestalten in der Gruppe

Gerätebedarf: Symbolkarten (s. u.)

Unterrichtsverlauf

Einstimmung

Kunststücke im Wasser
Die Kinder betrachten Bildkarten des Lehrers und führen entsprechende kleine Kunststücke aus:

- „Toter Mann"
  Tief einatmen, Kopf ins Wasser drücken, gerade (nicht abgewinkelte) Hüfte
- „Seestern"
  Tief einatmen, Kopf ins Wasser drücken, Arme und Beine weit zur Seite gespreizt
- Hockschwebe oder „Qualle"
  Tief einatmen, unter Wasser in die Hocke gehen, mit den Armen beide Knie umfassen, Kopf an die Brust ziehen und auftreiben lassen, nur der runde Rücken ragt aus dem Wasser
- Handstand

Spiel „Tabu"
Fangspiel, bei dem der Mitspieler nicht gefangen werden darf, wenn er ein bestimmtes Kunststück, z. B. „Handstand" oder „Qualle" ausführt.

Hinweise und Tipps

- Freie Aufstellung der Schüler im Wasser.
- Der Lehrer zeigt Bildkarten mit entsprechenden Symbolen.
- Hinweis zur Atmung: „Während des Kunststückes durch die Nase ausatmen!"

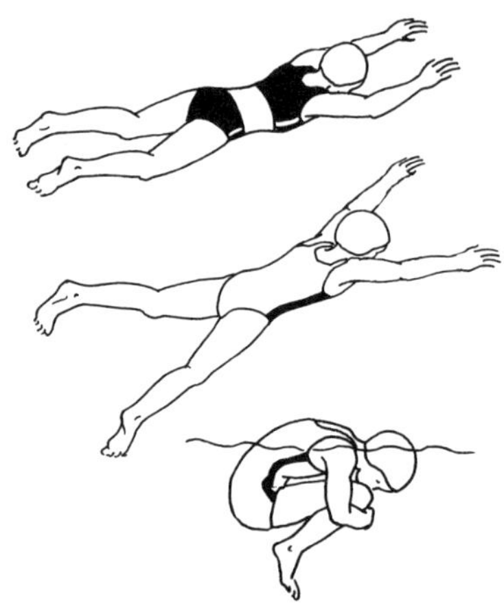

- Handstand auch mit Partnerhilfe möglich (Klammergriff am Oberschenkel)
- Je größer Klasse und Schwimmbad, desto mehr Fänger einsetzen

Hauptteil

Paddeln in Rückenlage mit den Händen an der Hüfte

Technik: Gleitlage auf dem Rücken, Unterarme und Hände „streicheln“ das Wasser ca. 15 cm unter der Wasseroberfläche hin und her.

- Jede Übung demonstrieren lassen.
- Die Beine liegen beim Paddeln möglichst ruhig und gestreckt im Wasser.

Die Kinder paddeln eine oder mehrere Bahnen.

- kopfwärts 
- fußwärts 
- fußwärts mit dem Partner nebeneinander 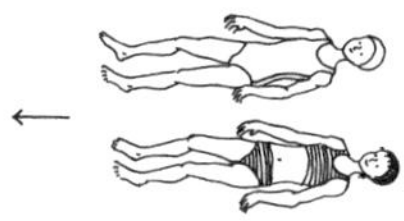
- fußwärts mit dem Partner hintereinander 

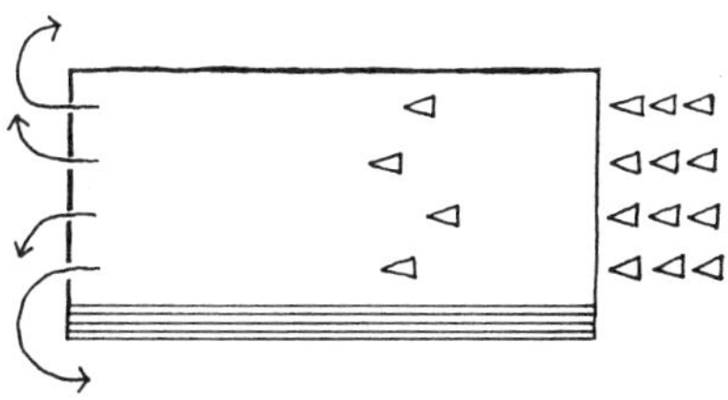

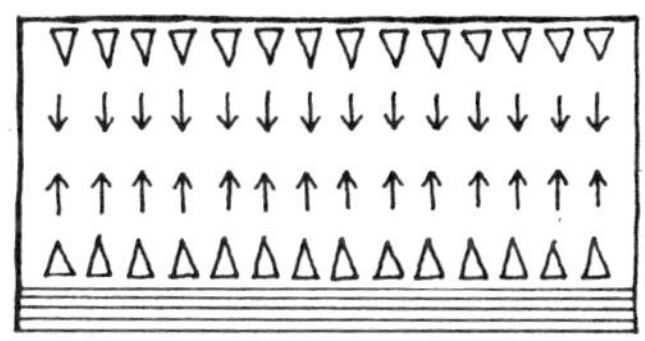

Gassenaufstellung, die Kinder

- paddeln fußwärts aufeinander zu bis sich ihre Füße berühren und paddeln wieder zurück.
- paddeln fußwärts aufeinander zu bis sich ihre Füße berühren, spreizen die Beine und paddeln zurück.
- paddeln fußwärts aufeinander zu bis sich ihre Füße berühren, beugen die Beine und stoßen sich vom Partner ab.
- erfinden selbst neue Formen und Variationen.

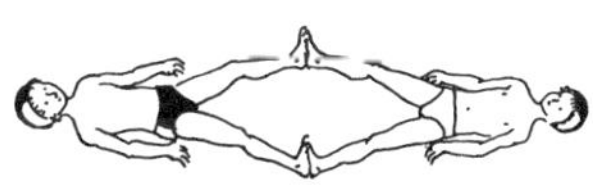

Ausklang

Akrobatik

Die Kinder erproben bekannte Kunststücke aus der Akrobatik (→Bewegungskünste).

- Die Schüler teilen sich selbstständig in Gruppen ein. Gruppenzahl und Gruppengröße sind beliebig.

Einführung in das Rückenschwimmen

Lernziele: Schwimmen in Rückenlage
Einem Partner vertrauen
Sicherheit im Wasser steigern
Gerätebedarf: Noodles

Unterrichtsverlauf

1. „Motorboot“ mit dem Partner
Partner 1 klemmt sich beide Noodles unter die Arme und zieht den sich in Rückenlage befindenden Partner 2 durchs Wasser. Partner 2 unterstützt mit Kraulbeinschlag.

2. „Motorboot“ ohne Partner

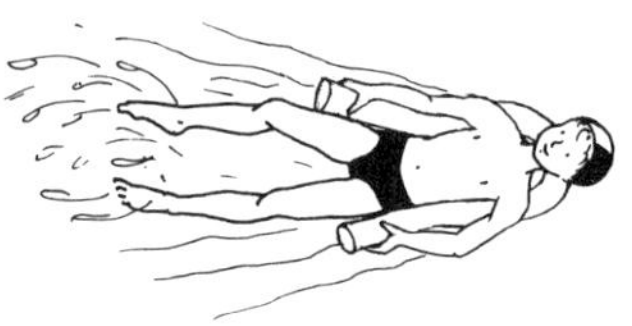

3. Partner 1 liegt längs auf einer Noodle und Partner 2 zieht die Noodle. „Motorboot“-Bewegung der Beine!

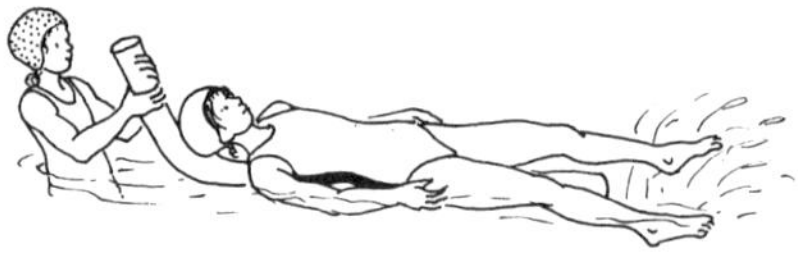

Hinweise und Tipps

- Jede Übung demonstrieren lassen.
- Hinweis beim Kraulbeinschlag: „Die Füße bewegen sich an der Wasseroberfläche, dass es spritzt!“ → Absinken der Beine verhindern

- Die Kinder schwimmen nur in eine Richtung. → Zusammenstöße vermeiden

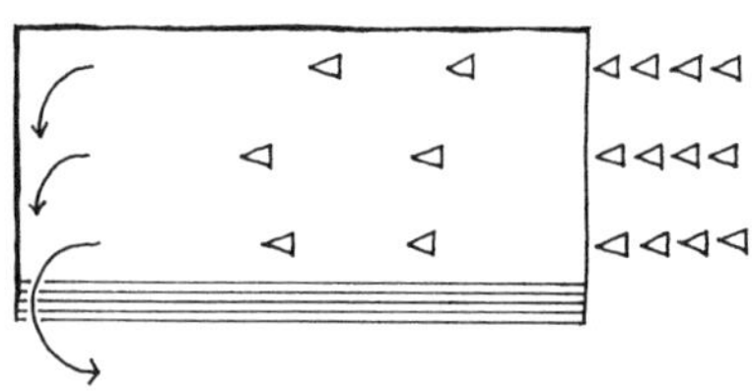

4. Wie 3., aber Partner 1 rollt abwechselnd mit der Schulter („Rollmops“).

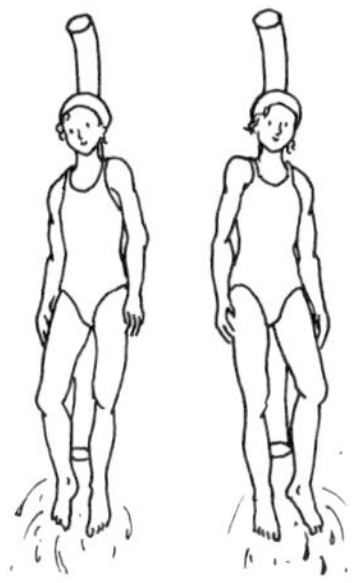

5. Wie 4., aber der Arm der hohen Schulter hebt sich kurz aus dem Wasser und fällt wieder zurück.

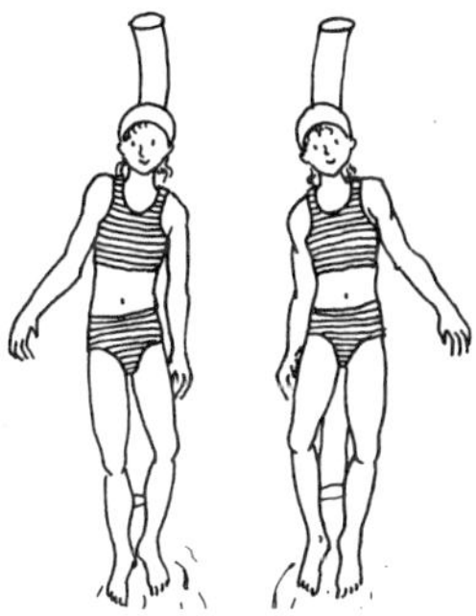

6. Die Kinder stehen im hüfttiefen Wasser: Armkraulen („Windmühle“) vorwärts und rückwärts

- Hinweis: „Drücke mit deinen Händen das Wasser weg!“

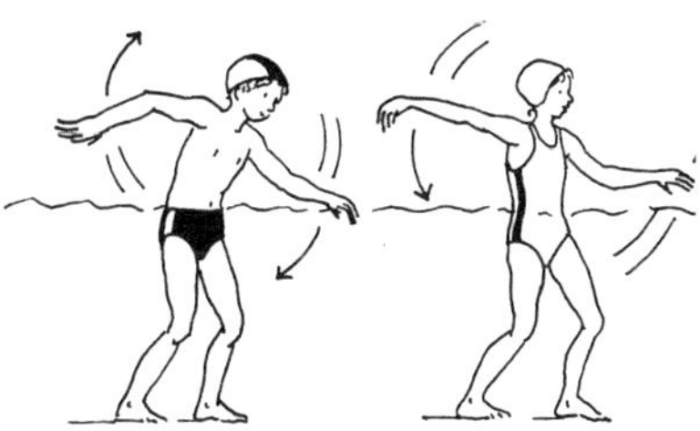

7. Wie 5., aber mit „Windmühlen-Armen“, „Rollmopsschulter“ und „Motorbootantrieb“

- Hinweis: „Achte auf deinen Kopf, wenn du in Wandnähe kommst!“
- Differenzierung möglich: Gute Schwimmer schwimmen ohne Noodle.

Tauchparcours

Lernziele: Orientierung unter Wasser (Augen öffnen, Raumlage einschätzen)
Steigerung der Wassersicherheit und Freude am Tauchen erleben
Sammeln vielfältiger Taucherfahrungen

Gerätebedarf: Tauchringe, Münzen, vier bis fünf Gymnastikreifen, Zauberschnur, vier bis fünf Tauchstäbe oder Steine

Unterrichtsverlauf

Einstimmung

Tauchübungen mit dem Partner

- Die beiden Partner geben sich die Hände, gehen miteinander in die Hocke, schauen sich an und blasen kräftig unter Wasser aus.
- Partner 1 zeigt unter Wasser mit seinen Fingern eine Zahl, Partner 2 muss sie erkennen.
- Partner 1 taucht unter den ausgestreckten Armen von Partner 2 hindurch.
- Partner 1 taucht durch die weit gegrätschten Beine von Partner 2.
- Partner 1 klettert am Bein von Partner 2 hinunter, fasst dessen Zehen.

Hauptteil

Tauchparcours

Der Lehrer erklärt die verschiedenen Stationen und lässt gleichzeitig einen Durchgang von einem Schüler demonstrieren.

Die Kinder durchlaufen im Uhrzeigersinn nacheinander die verschiedenen Stationen. Der Lehrer teilt die Kinder zu Beginn den verschiedenen Stationen zu, damit kein Stau entsteht.

Hinweise und Tipps

- Freie Aufstellung der Paare im Wasser.
- Jede Übung von einem Paar demonstrieren lassen.

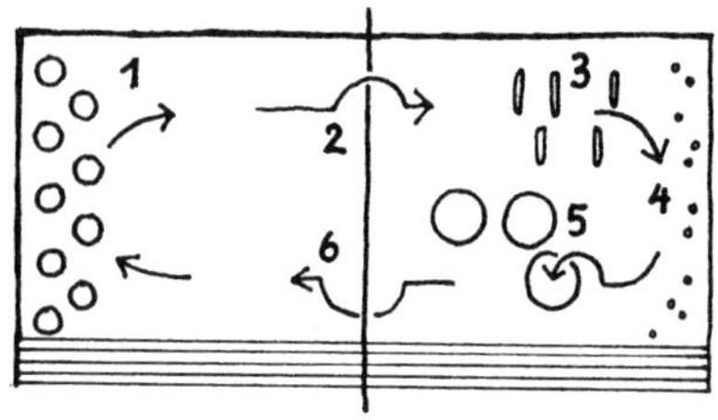

- **Station 1:** Ringe tauchen
Die Kinder tauchen einen oder mehrere Ringe herauf, berühren damit den Beckenrand und werfen sie wieder zurück ins Wasser.
- **Station 2:** Delfinsprung über die Zauberschnur
- **Station 3:** Nacheinander möglichst viele Tauchstäbe oder Steine berühren.
Differenzierung: Auch im unmittelbaren Anschluss an Station 2 möglich.
- **Station 4:** Münzen tauchen
Die Kinder tauchen eine oder mehrere Münzen herauf, berühren damit den Beckenrand und werfen sie wieder zurück ins Wasser.
- **Station 5:** Delfinsprung durch einen Reifen
- **Station 6:** Unter der Zauberschnur hindurchtauchen

- Die Ringe werden gleichmäßig an der Breitseite des Beckens verteilt, sodass auch Nichtschwimmer oder ängstliche Kinder Ringe aus dem Seichten heraufholen können.
- Alternativübung bei großer Schülerzahl: Zu einem Tauchstab oder Stein tauchen, ihn mit möglichst vielen Körperteilen berühren und wieder auftauchen.
- Darauf achten, dass Münzen und Ringe in allen Tauchtiefen verteilt sind.
- Hinweis: „Achte darauf, dass du nicht zu steil eintauchst, damit du nicht mit dem Kopf am Boden anstößt!" (Zu steiler Eintauchwinkel birgt bei geringer Wassertiefe Verletzungsgefahr!) → Nicht im seichten Wasser springen!
- Die Reifen bleiben nicht an Ort und Stelle liegen, sondern treiben durchs Wasser, deshalb bewegt sich Station 5. Die Kinder führen den Delfinsprung dort aus, wo sich gerade ein Reifen befindet (außer im Seichten).

Ausklang

Spiel: „Hundehütte"

Ein Innen- und ein Außenkreis bewegen sich gegeneinander. Im Innenkreis befinden sich zwei bis vier Schüler weniger als im Außenkreis. Auf Pfiff springen die Kinder des Innenkreises in die Grätsche (=Hütte). Die Kinder des Außenkreises suchen eine Hütte, tauchen hindurch und bleiben vor der Hütte stehen.
Sie bilden nun den Innenkreis.
Kinder, die keine Hütte gefunden haben, bleiben im Außenkreis.

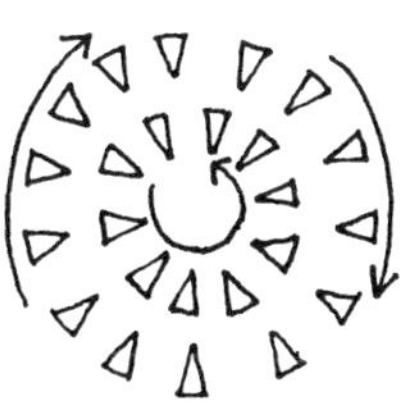

Staffelformen im Wasser

Lernziele: Schnelligkeit und Geschicklichkeit
Regeln einhalten
Kooperation

Gerätebedarf: drei Schwimmbretter, drei Tauchringe, drei Bälle

Unterrichtsverlauf

Einstimmung

Aquarobic (Wassergymnastik)
Freie Aufstellung der Kinder im Wasser. Der Lehrer macht gymnastische Übungen außerhalb des Beckens vor, die Schüler machen sie im Wasser nach. Alle Übungen werden auf der Stelle ohne Fortbewegung ausgeführt.

- Laufen
- Wedelsprünge
- Hampelmann
- Knieheben rechts und links im Wechsel

Hinweise und Tipps

- Es ist von Vorteil, wenn die Übungen aus dem Sportunterricht oder aus Bewegungspausen im Klassenzimmer bekannt sind.
- Beim Aquarobic wird der Wasserwiderstand deutlich erfahrbar.

Hauptteil

Pendelstaffeln
Die Kinder bilden sechs gleich große Gruppen. Jeweils zwei stehen einander gegenüber.
Die Kinder starten stehend oder sitzend vom Beckenrand.

- **Brustschwimmen**
  Der Anschlag am Beckenrand muss mit beiden Händen erfolgen.

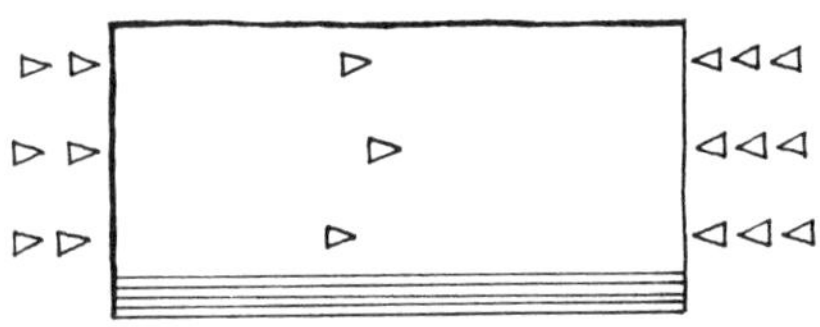

- **Kraulschwimmen**
  Der Anschlag am Beckenrand erfolgt mit einer Hand.

- Wer nicht kraulen kann, darf brustschwimmen.

- **Rückenschwimmen mit Schwimmbrett in Nackenhalte**
  Das Schwimmbrett wird in Rückenlage mit beiden Händen so gehalten, dass das Brett auf der Wasseroberfläche gleitet. Die Kinder entscheiden selbst, ob sie mit Brust- oder Kraulbeinschlag schwimmen.

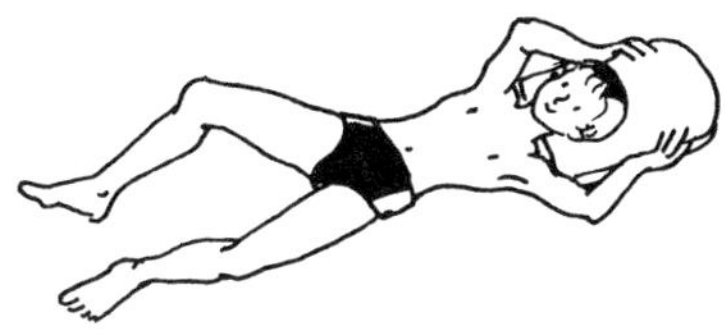

- **Geschicklichkeitsschwimmen mit Schwimmbrett und Ball**
  Auf dem Schwimmbrett befindet sich ein Tauchring, in dem ein Ball liegt. Das Schwimmbrett muss beidhändig gehalten werden. Der Ball darf während des Transportes nicht gehalten oder berührt werden. Bei Verlust muss der Ball sofort in den Ring zurückgelegt werden. Die Kinder entscheiden selbst, ob sie mit Brust- oder Kraulbeinschlag schwimmen.

- **Wasserballschwimmen**
  Der Ball wird während des Schwimmens vor sich hergetrieben. Er darf weder mit beiden Händen gehalten, noch geworfen werden.

Ausklang

- **Tauchstaffel**
  Die Kinder versuchen, tauchend zur anderen Seite zu gelangen. Für jedes Auftauchen erhält die Gruppe einen Strafpunkt. Die Mannschaft mit den wenigsten Strafpunkten ist Sieger. Es geht nicht darum, Schnellster zu sein.

- Hinweis: „Augen auf unter Wasser!“

III. 1. und 2. Klasse

Spiele mit dem Schwungtuch

Lernziele: Handeln in der Gemeinschaft
Ausdauer
Taktile Wahrnehmungsfähigkeit, Reaktionsfähigkeit
Gerätebedarf: Schwungtuch, Musik, Softball

Unterrichtsverlauf

Einstimmung

Laufen mit dem Schwungtuch

Die Kinder verteilen sich gleichmäßig um das Schwungtuch.

- Laufen mit dem Schwungtuch in der rechten Hand, bei Musik-Stopp Hand- und Richtungswechsel.
- „Raupe“: Die Kinder gehen geduckt und ziehen dabei das Tuch über sich, bei Musik-Stopp Hand- und Richtungswechsel.
- Die Kinder hüpfen auf dem rechten/linken Bein.
- Während des Laufens mit der Hand kleine und große Wellen schlagen. Der Lehrer zeigt mit den Fingern „Windstärken“ von 1 – 5, z. B. 5, an. → Je 5 Kinder setzen sich unter das Tuch.

Hauptteil

Platzwechselspiele unter dem Schwungtuch

Das Schwungtuch liegt ausgebreitet auf dem Boden. Die Kinder fassen es mit beiden Händen, zählen gemeinsam bis drei und heben dann alle gleichzeitig die Arme, ohne das Tuch loszulassen. Wenn das Schwungtuch eine Kuppel bildet, nennt der Lehrer die Kinder, die unter dem Tuch durchlaufen und ihren Platz wechseln sollen, z. B.

- alle Mädchen/Jungen
- alle Kinder mit blonden/braunen/schwarzen/roten Haaren
- wer im Februar/März usw. Geburtstag hat
- wer ein R/S usw. im Namen hat
- wer einen Hund/eine Katze besitzt
- alle Kinder

Variation: Platzwechselspiele mit Zudecken, z. B. alle Mädchen bleiben in der Mitte, setzen sich und werden vom Tuch zugedeckt. Erst wenn das Schwungtuch wieder zur Kuppel wird, kommen sie nach außen und die neu genannten Kinder laufen hinein.

Ballspiele mit dem Schwungtuch

- Ein in das Schwungtuch gelegter Softball wird durch gemeinsames Hochschwingen hochgeworfen und wieder gefangen. Wie fliegt er am höchsten?

- Die Kinder versuchen den Ball aus dem Tuch herauszuschleudern, sodass der Lehrer ihn fangen kann.
- Die Kinder erzeugen Wellen und lassen den Ball von Welle zu Welle hüpfen.
- „Adressenball“: Der auf dem Tuch liegende Ball wird durch gemeinsames Bewegen des Schwungtuchs einem genannten Kind zugerollt. Dieses nimmt den Ball und nennt den nächsten Schüler.

Ausklang

Spiel: „Krokodile, Krokodile!“

Die Kinder sitzen am Boden und decken mit dem Schwungtuch die gestreckten Beine zu. Ein „Krokodil“ liegt unter dem gespannten Tuch und zieht Kinder an den Beinen unter das Tuch „ins Wasser“. Diese werden selbst zu „Krokodilen“.

„Am Nürburgring“ – Spielerische Einschulung der Aufstellungsformen

Lernziele: Die Aufstellungsformen Linie, Reihe und Gasse kennen und einhalten lernen
Ausdauernd laufen
Kooperation

Gerätebedarf: Fünf Bananenkartons, vier Hütchen (bei großen Klassen fünf)

Es ist günstig, sich für die verschiedenen Aufstellungsformen Piktogramm-Karten zuzulegen (siehe Kopiervorlage S. 50). Diese Piktogramme lassen sich in allen weiteren Stunden einsetzen und erleichtern die Organisation des Unterrichts. Die Aufstellungsformen unbedingt auch verbalisieren! Die Kinder sollen die Begriffe „Reihe“, „Linie“ und „Gasse“ kennen.

Unterrichtsverlauf

Einstimmung

„Auto fahren“

- Freies Laufen nach Musik, bei Musik-Stopp anhalten
- Im 1., 2., 3. und 4. Gang fahren (mit verschiedenen Tempi laufen)
- Rückwärts fahren
- Im Berufsverkehr auf engem Raum (Mittelkreis) fahren
- Rücksichtsvoll fahren und mit Handzeichen vorbeilassen
- Auf Linien (Spielfeldmarkierungen) fahren

Hauptteil

„Am Nürburgring – Autorennen“

Die Kinder werden in vier gleich große Gruppen eingeteilt. Jede Gruppe benennt sich nach einer Automarke (z. B. Ferrari, VW etc.)
Jede Automarke hat einen Parkplatz (Hütchen).

Hinweise und Tipps

- Das Lauftempo wird durch die Lautstärke der Musik angezeigt.

- Die Ordnungsformen Linie, Reihe und Gasse können in der Form von Parkplatzaufstellungen und Werkstattsituationen anschaulich und spielerisch eingeführt werden. Die Laufübungen des Autorennens ermögli-

Die Autos dieser Marke parken dort hintereinander in einer Reihe.

- Die Teams erkunden hintereinander fahrend langsam die Strecke und bremsen vor der Einfahrt in ihre Garage ab (Sicherheitserziehung!).
- Mit laut quietschenden Bremsen in die Kurven gehen.
- Der Lehrer nennt die Automarke, daraufhin startet die jeweilige Gruppe.

Die Autos einer Reihe werden durchnummeriert: Das erste Auto hat die Nummer 1, das zweite die Nummer 2 etc.

- Es fahren alle Wagen mit der Nummer 1 etc.
- Es fahren mehrere Nummern gleichzeitig, aber jeder muss in seiner Reihe wieder richtig einparken.

Die Autos parken nun nebeneinander in einer Linie.

- Der Lehrer ruft wieder eine Automarke auf. Die Kinder, die dieser Marke angehören, laufen gleichzeitig los. Sie dürfen während des Kurses hintereinander laufen, müssen sich aber wieder nebeneinander in der Garage einfinden.
- Nummernwettfahrt wie oben, aber aus der Linienaufstellung heraus.
- Boxenstopp und Reifenwechsel: Nummer 1 fährt, die übrigen Gruppenmitglieder sind „Mechaniker“ und bilden eine „Werkstatt“ in Form einer Gasse. Nummer 1 kommt zurück, parkt in der Werk-

chen nebenbei eine sehr bewegungsintensive Sportstunde mit hohem Motivationswert.

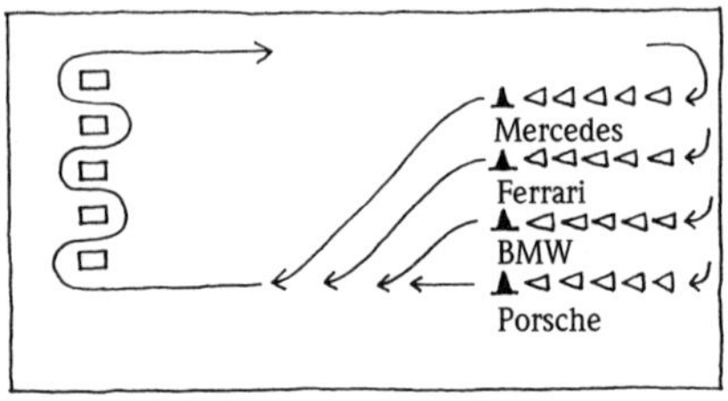

statt (Vierfüßlerstand) und die Mechaniker schrauben an Händen und Füßen neue Reifen an. Wenn alle Mechaniker „fertig“ gerufen haben, fährt Nummer 1 noch eine Runde mit neuen Reifen. Danach fährt Nummer 2 usw.

- Der Lehrer zeigt ein Piktogramm mit einer Aufstellungsform. Die Mannschaften müssen so schnell wie möglich eine Reihe, Gasse oder Linie bilden. Wenn die Aufstellungsform eingenommen wurde, nennt er eine oder mehrere Zahlen. Der bzw. die Kinder mit dieser Zahl laufen los.

Ausklang

Alle Kinder fahren als lange Reihe durch die Rennstrecke und winken den „Zuschauern“ zu, bevor sie in der Umkleidekabine verschwinden.

Reihe
4
3
2
1

Linie

Gasse

„Sanitätswagen“ – Einschulung des Mattentransports

Lernziele: Orientierung in Sporthalle und Geräteraum
Erlernen des richtigen Mattentransports
Geschicklichkeit, Beweglichkeit
Kooperation

Gerätebedarf: Je sechs Schüler eine Matte, einen Bananenkarton und ein Hütchen, Langbänke, Musik

Den Begriff „Sanitätswagen“ verbinden die Kinder mit vorsichtigem, rücksichtsvollem Umgang mit dem „Verletzten“ und sie werden schon deshalb die Gemeinschaftsaufgabe auch bei steigendem Schwierigkeitsgrad sehr motiviert erfüllen wollen.

Unterrichtsverlauf

Einstimmung

Spiel: „Aprilwetter“

Die Kinder laufen zur Musik frei durch die Halle. Bei Musik-Stopp reagieren sie je nach Wetterlage:

- „Sonne“ → Die Arme beschreiben große Kreise.
- „Regen“ → Die Füße trapsen leise.
- „Hagel“ → lautes Trampeln.
- „Blitz und Donner“ → lautes Poltern und Springen.

Hauptteil

„Sanitätswagen“-Spiel

Je sechs Schüler bilden eine Gruppe (einen Sanitätswagen).

- Einsteigen und losfahren
  Drei Kinder gehen rechts und drei Kinder gehen links an den Mattenwagen, holen eine Matte und „fahren“ mit ihr langsam durch die Halle.

Hinweise und Tipps

- Die Kinder laufen nach Musik. Bei Musik-Stopp setzen sie sich auf ihre Matte und der Lehrer sagt die nächste Aufgabe an.
- Jede Aufgabe von einer Gruppe demonstrieren lassen. Immer wieder auf das richtige Transportieren der Matte verweisen.
- Hinweis: „Erst wenn die ‚Garageneinfahrt‘ (Geräteraum) frei ist, kann der nächste Sanitätswagen bestiegen werden.“

- Der Sanitätswagen fährt je nach Kommando des Lenkers vorwärts oder rückwärts. Der Wagen hält Abstand zu den anderen Wagen und zu den Wänden.

- „Regen“ → Der Sanitätswagen fährt unter eine Brücke (= Matte über den Kopf halten und stehen bleiben). Der Wagen fährt unter der Brücke vorwärts und rückwärts.

- Der Regen ist vorbei (Matte wieder in Hüfthöhe).
  Der Sanitätswagen ist nun auf einer kurvigen, schmalen Straße unterwegs (= schmale, verwinkelte Gasse aus Langbänken). Vorsicht, dass kein Rad hängen bleibt!
  → Rückwärts durch die Gasse
  → Bei Regen durch die Gasse

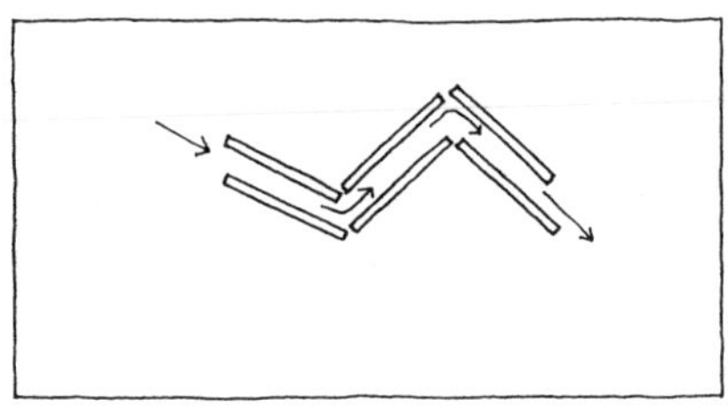

- Der Sanitätswagen fährt einen „Verletzten“ (Bananenkarton) durch die Halle:
  → Rückwärts
  → Durch die Gasse
  → Bei Regen

- Der Sanitätswagen fährt einen „Schwerverletzten“ (mit Infusion oder Spritze = Bananenkarton mit Hütchen darauf) durch die Halle (wie oben). Zusätzlich muss er holprige Bahnübergänge (= Langbänke) überwinden. Vorsicht: Lebensgefahr!

- Im Krankenhaus angekommen wird der Verletzte abgelegt und vesorgt. Die Spritze (Hütchen) wird wieder ins Lager (Schrank) zurückgebracht. Der Wagen kehrt in seine Garage zurück und parkt richtig ein (auf dem Mattenwagen).

- Hinweis: „Erst wenn die ‚Garageneinfahrt' (Geräteraum) frei ist, kann der nächste Sanitätswagen einparken und seinen Verletzten versorgen."

Richtiges Beladen eines Mattenwagens:

So nicht!

Ausklang

Gespräch

- Warum waren die Verletzten nicht immer sicher unterwegs?
- Welcher Sanitätswagen hat nur wenig geschaukelt und warum?

→ Erkenntnis: Alle Fahrer eines Sanitätswagens müssen zusammenarbeiten!

Rollen und Wälzen

Lernziele: Erweitern der Bewegungserfahrungen im Wälzen und Rollen
Bewusstmachen und Einnehmen von Körperspannung
Kooperation

Gerätebedarf: Neun Matten, drei Gymnastikbälle

Unterrichtsverlauf

Einstimmung

Neun Matten werden frei in der Halle verteilt.

- Die Kinder laufen im Slalom um die Matten herum.
- Die Kinder springen über die Matten.
- Auf ein Signal des Lehrers finden sich alle Mädchen auf einer Matte ein und alle Jungen auf einer anderen Matte.
- Alle Kinder finden sich auf einer Matte ein.
- Die Kinder finden sich zu viert auf einer Matte ein.

Mattentransport

- Die Vierergruppen laufen als „Wagen" durch die Halle, ohne mit einem anderen „Wagen" zusammenzustoßen.
- Die Kinder bilden einen Zug, indem sie die „Waggons" aneinander hängen.

Die ersten drei „Waggons" legen ihre Matte zu einer Reihe ab, die zweiten drei „Waggons" bilden die zweite Reihe daneben, die letzten drei „Waggons" bilden die letzte Mattenreihe.

Hinweise und Tipps

- Mattentransport siehe UB „Sanitätswagen"

- Eine Gruppe demonstriert das richtige Tragen der Matte.
- Übrig gebliebene Kinder gehen als Fünfte zu einer Gruppe dazu.
- Der Lehrer bestimmt die „Lok".

Hauptteil

Drei gleich große Gruppen sitzen hinter ihren Mattenbahnen.

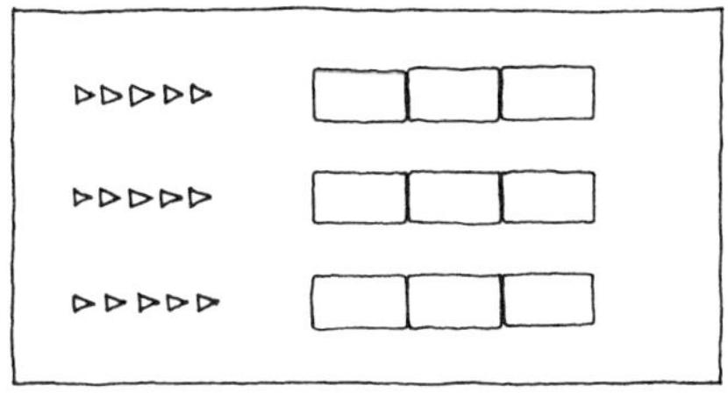

Kreatives Lösen einer Bewegungsaufgabe

„Rolle dich über die Matte. Es gibt viele Möglichkeiten."

Die Kinder führen die Aufgabe aus, einzelne Aufgaben werden der Klasse demonstriert und von allen nachgeahmt, z. B.:

Rollen um die Längsachse

- „Wir rollen wie ein Stab" (Stabrolle)
  Seitlich auf die Matte legen und von einem Ende zum anderen rollen (Arme und Beine in einer Linie gestreckt, Körperspannung).

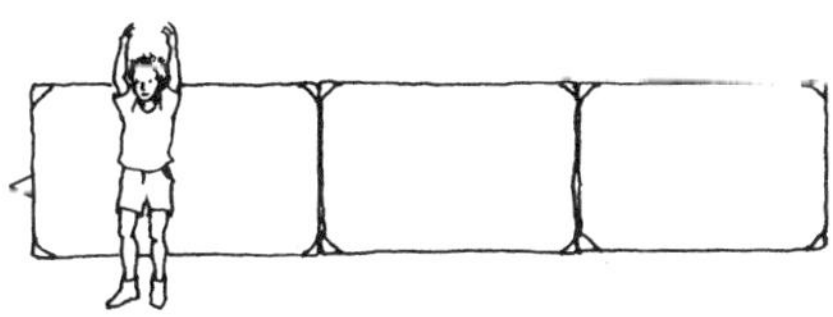

- Stabrolle mit einem Ball in den Händen
  Am Ende der Mattenbahn rollt der Schüler den Ball zum nächsten wartenden Kind zurück.

- Gruppenrollen
  Alle Gruppenmitglieder legen sich nebeneinander mit dem Bauch auf die Matte und rollen auf ein Signal gemeinsam los.

- Außer beim Gruppenrollen → eine Matte Sicherheitsabstand!
- Jede Übung demonstrieren lassen.
- Alle Rollen um die Längsachse fordern vom Kind Körperspannung, v. a. das Gerolltwerden durch den Partner.
- „Versuche beim Rollen auf den Matten zu bleiben!"

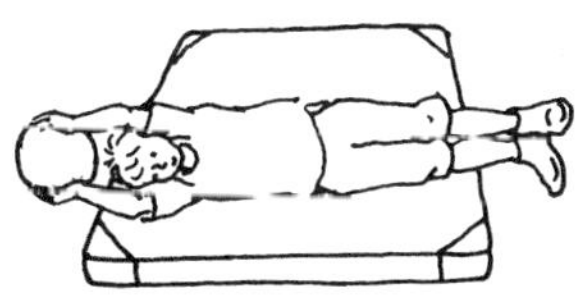

- „Versuche den Ball so zu rollen, dass er die Mattenbahn nicht verlässt!"

- Der Partner rollt den Schüler wie einen Stab.
  Partner 1 rollt Partner 2 auf dem Hinweg, Partner 2 rollt Partner 1 auf dem Rückweg.

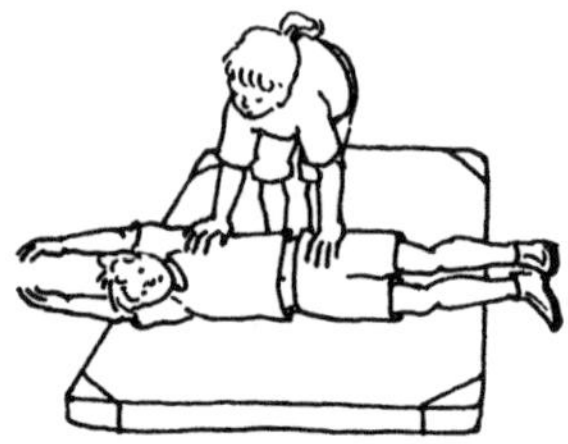

- Der Partner rollt den Schüler wie ein Fass (Knie gebeugt vor die Brust ziehen und mit den Armen umklammern).

- Transportrolle/Förderband
  Alle Gruppenmitglieder legen sich nebeneinander mit dem Rücken auf die Matte und rollen auf ein Signal gemeinsam los. Ein Kind liegt ausgestreckt mit dem Gesicht nach unten auf dem „Förderband“.

Rollen um die Querachse

- Rückenschaukel
  Jedes Kind liegt auf dem Rücken, zieht die Beine an, umfasst sie mit den Armen und schaukelt so vor und zurück. „Wer kommt danach wieder auf die Füße?“

- Je drei Kinder „schaukeln“ gleichzeitig auf je einer Matte.

- Rolle vorwärts aus dem Hockstand

- Eventuell als Geländehilfe ein Sprungbrett unter die Matte legen (schiefe Ebene).

Laufen mit dem Reifen

Lernziele: Schnelligkeit und Ausdauer, Geschicklichkeit
Kooperation
Fairness beim Wettkampf

Gerätebedarf: Je Kind ein Fahrrad- oder Gymnastikreifen, vier Hütchen, Laufmusik

Tipp:

Alte Fahrradreifen sind in jedem Fahrradgeschäft kostenlos erhältlich. Sie bieten gegenüber den Gymnastikreifen u. a. den Vorteil, dass sie nicht zerbrechen, nicht klappern und nicht wegrutschen.

Unterrichtsverlauf

Einstimmung

Die Reifen liegen frei in der Halle verteilt. Die Kinder

- umlaufen die Reifen vorwärts, rückwärts, seitwärts, mit einem Partner in Handfassung.
- umkreisen die Reifen (siehe Abb).
- überspringen die Reifen einbeinig, beidbeinig.
- streifen die Reifen von unten nach oben über den Körper und umgekehrt.

Hauptteil

Laufspiele mit Reifen

Atomspiel

Die Kinder laufen frei durch die Halle, der Lehrer ruft eine Zahl zwischen 1 und 8.

- Zahlen 1 – 3: z. B. 3 → Drei Kinder schlüpfen in einen Reifen und laufen gemeinsam weiter.
- Zahlen 4 – 8: z. B. 6 → Sechs Kinder fassen den Reifen von außen und laufen gemeinsam weiter.

Hinweise und Tipps

- Die Kinder laufen zur Musik. Bei Musik-Stopp sitzen sie im Reifen ab und der Lehrer nennt die nächste Aufgabe.

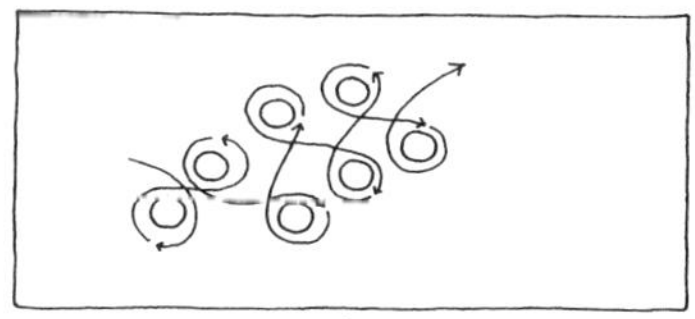

- Laufformen in der Gruppe demonstrieren lassen.

Torlauf

Eine Hälfte der Kinder hat einen Reifen. Alle Kinder laufen. Bei Musik-Stopp halten die einen Kinder ihren Reifen wie ein „Tor“, die anderen schlüpfen hindurch und lösen den haltenden Mitspieler ab.

Irrgarten

Die Reifen sind wie ein „Irrgarten“ in der Halle ausgelegt. Die Kinder sollen nun um die Reifen herumlaufen und dabei immer

- mit dem rechten bzw. linken Fuß in einen Reifen treten.
- abwechselnd mit dem rechten und linken Fuß in einen Reifen treten.
- mit beiden Beinen in einen Reifen treten.

Die gleichen Übungen sind auch mit einem Partner in Handfassung möglich.

- Jede Übung demonstrieren lassen.

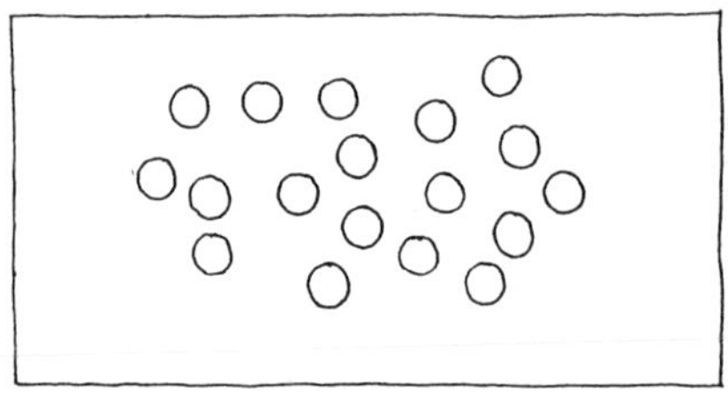

Reihen laufen

- Vorwärts, rückwärts oder seitwärts durch die Reihe laufen.
- Im Zickzack vorwärts, rückwärts oder seitwärts durch die Reihe laufen.
- Eine Reihe laufen, wobei das rechte Bein jeweils im rechten Reifen und das linke Bein im linken Reifen ist.

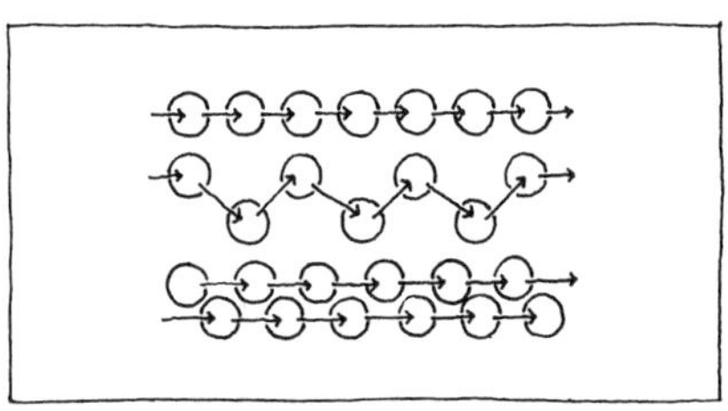

Ausklang

Die Kinder erfinden eigene Reihen.

Einschulung der Sprinttechnik

Lernziele: Schnelligkeit und Ausdauer
Bewusst machen und Anwenden der Sprinttechnik
Gerätebedarf: Je Kind einen Fahrrad- oder Gymnastikreifen, vier Hütchen, Laufmusik

Tipp:

Alte Fahrradreifen sind in jedem Fahrradgeschäft kostenlos erhältlich. Sie bieten gegenüber den Gymnastikreifen u. a. den Vorteil, dass sie nicht zerbrechen, nicht klappern und nicht wegrutschen.

Unterrichtsverlauf

Einstimmung

- Die Reifen liegen in der Halle verteilt. Freies Laufen um die Reifen, beim Laufen mit einer Hand in möglichst viele Reifen fassen.
- „Wir fahren Auto“: Die Kinder laufen zur Musik auf den Hallenlinien. Der Reifen dient als Lenkrad. Beim Abbiegen Blinker setzen (= Handzeichen). Auf der schwarzen Linie (= Überholspur) darf überholt werden.
- „Wir fahren mit Beifahrer“: Zwei Schüler laufen in einem Reifen oder der Partner läuft vor, hinter oder neben dem Reifen mit.
- „Wir fahren mit dem Zug“: Der Lehrer bestimmt zwei oder drei Lokführer. Die anderen Kinder hängen sich an einen der Lokführer an und laufen mit.

Hinweise und Tipps

- Jede Aufgabe von einem Kind demonstrieren lassen.
- Die Kinder laufen zur Musik. Bei Musik-Stopp sitzen sie im Reifen ab und der Lehrer nennt die nächste Aufgabe.

Hauptteil

„Vorsicht Krokodile!“ – Einschulung der Sprinttechnik

Die Kinder bilden vier gleich große Mannschaften.

Lehrer: Du läufst jetzt über eine Brücke (Reifen), die nur wenige Zentimeter über dem Wasser hängt. Im Fluss schwimmen Krokodile, die nach jedem, der darüber läuft, schnappen. Laufe so schnell wie möglich darüber!

1. Versuch: „Laufe schnell über die Brücke!“

„Das war schnell, aber laut. Ihr stampft zu sehr. Das hört doch jedes Krokodil. Versucht bei gleichem Tempo leiser zu laufen!“

2. Versuch: „Laufe schnell und leise über die Brücke!“

Gespräch: „Wie läuft man leise und schnell?“

Es wird leiser, wenn wir auf den Fußballen sprinten.

3. Versuch: „Laufe nochmal schnell und leise über die Brücke!“

„Die Krokodile werden immer unruhiger und schnappen jetzt heftig. Versuche, die Füße während des Laufens zu heben, damit du diesen Schnappern entkommst!“

4. – 6. Versuch: „Laufe schnell und leise über die Brücke und hebe die Knie etwas an!“

Die Kinder laufen mit der erlernten Sprinttechnik.

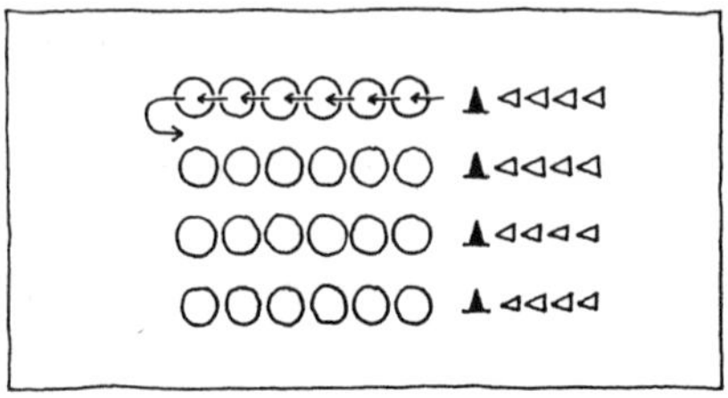

Abstand: 10 – 15 cm

- Hinweis: „Laufe links zurück und stelle dich wieder hinten an!“ (Demonstrieren lassen → Zusammenstöße vermeiden.)

7. – 10. Versuch: „Probiere verschiedene Brücken aus!“

„Nun sind bei jeder Brücke die Bretter unterschiedlich weit auseinander. Probiere jede Brücke einmal aus und bleibe am Ende bei der Brücke stehen, wo du das Gefühl hattest, dass du am schnellsten warst!“

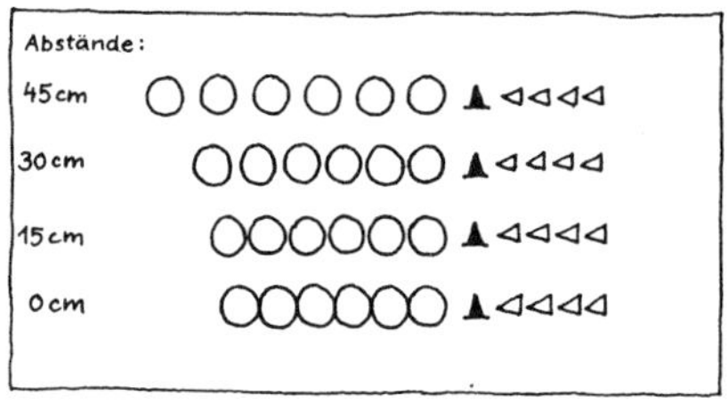

11. – 12. Versuch: „Steige nicht neben die Reifen!“

„Die Brücke ist schon etwas ramponiert, einige Teile des Holzsteges sind herausgebrochen. Pass auf, dass du nicht daneben steigst!“

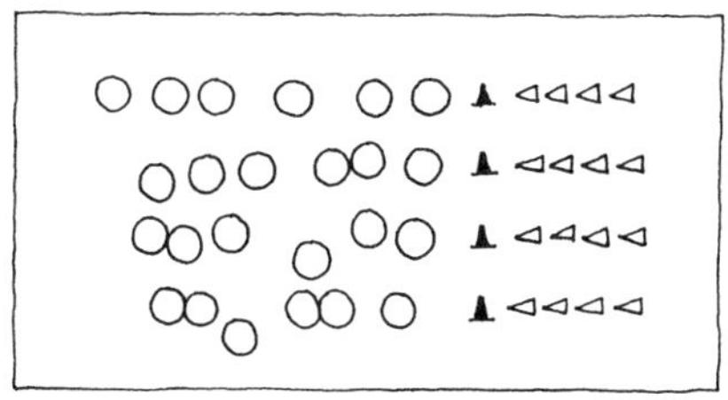

Ausklang

Sprintspiel: „Schwarz-Weiß”

Die Kinder stehen sich paarweise in Tiefstartposition an der Mittellinie gegenüber. Abstand ca. zwei Meter. Eine Reihe sind die „Schwarzen“, die anderen bilden die „Weißen“. Die Farbe, die der Lehrer nennt, läuft zur hinter ihr liegenden Hallenwand. Die andere Farbe versucht den Gegenspieler abzuschlagen, bevor dieser die Wand erreicht hat.

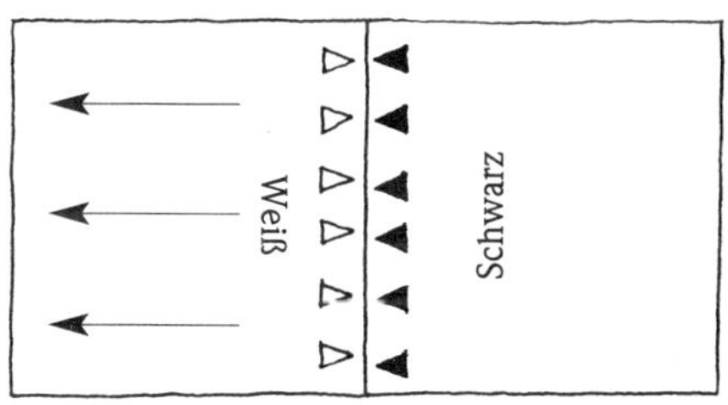

Kommando: „Weiß!”

Wechsel der Startpositionen:

- Schneidersitz
- Rückenlage
- Bauchlage

Übungen mit dem Gymnastikstab

Lernziele: Bewegungsmöglichkeiten mit dem Stab erkunden und kennen lernen
Geschicklichkeit, Gewandtheit
Kooperation, Fairness beim Wettkampf

Gerätebedarf: Gymnastikstäbe, Musik

Unterrichtsverlauf

Einstimmung

„Balancierkönig"

Die Kinder „reiten" zur Musik mit ihrem „Besen" (Gymnastikstab zwischen den Beinen) durch die Halle. Bei Musik-Stopp balancieren sie den Stab auf folgenden Körperteilen. Wenn die Musik wieder beginnt, „reiten" sie weiter.

- Handfläche
- Finger
- Nacken
- Rücken
- Oberschenkel

Hinweise und Tipps

- Hinweis: „Achte während des Balancierens auf ausreichenden Abstand zu deinen Mitschülern."
- Verschiedene Formen des Reitens anbieten: Vorwärts, rückwärts, mit einem Partner in Handfassung, zu zweit auf zwei Besen etc.

Hauptteil

Kunststücke mit dem Gymnastikstab

- Einen Stab hochkant auf den Boden stellen, kurz loslassen und wieder fangen. Danach mit Zusatzaufgaben:
  1. in die Hände klatschen
  2. den Boden mit den Händen berühren
  3. eine Drehung ausführen etc.
- Einen Stab an beiden Enden halten und mit beiden Beinen über den Stab steigen und wieder zurück.

1 2 3 4

- Ein Bein über den Stab durchhocken und auf dem anderen Bein hüpfen.
- Die Kinder erfinden weitere Kunststücke.

Partnerübungen

- Beide Partner halten gemeinsam einen Gymnastikstab jeweils in der linken oder rechten Hand in Hüfthöhe und steigen abwechselnd mit beiden Beinen auf die andere Seite des Stabes.
- Beide Partner stehen nebeneinander und halten gemeinsam einen Stab jeweils mit der Außenhand. Erst steigt Partner 1 über den Stab, dann Partner 2.

- Partner 1 hält einen Stab an beiden Enden. Partner 2 muss zwischen dem Körper von Partner 1 und dem Stab hindurchsteigen.

- Partner 1 und Partner 2 stehen sich gegenüber und halten möglichst breit einen Gymnastikstab. Zuerst steigt Partner 1 über den Stab und ist somit zwischen Stab und Partner 2. Der Stab wird hinter seinem Rücken von Partner 1 nach oben geführt, wobei beide Partner versuchen, den Stab nicht loszulassen. Dann folgt Partner 2.

- Partner 1 und Partner 2 stehen sich gegenüber. Partner 1 stellt einen Gymnastikstab auf den Boden und hält ihn mit einer Hand am oberen Ende. Partner 2 hält den Stab unter der Hand von Partner 1. Beide Partner gehen entgegengesetzt um den Stab, wobei Partner 2 immer unter

dem Arm von Partner 1 durchgeht.

- „Abschleppdienst“: Partner 1 zieht Partner 2 im Sitz (Füße hoch!) oder in Bauchlage.

Transportieren in der „Sänfte”

Die Kinder gehen zu viert oder zu fünft zusammen und überlegen, wie sie mit zwei oder mehreren Stäben einen „Fahrgast“ in der „Sänfte“ tragen können.

- Hinweis: „Die Träger setzen die Sänfte sanft ab.“

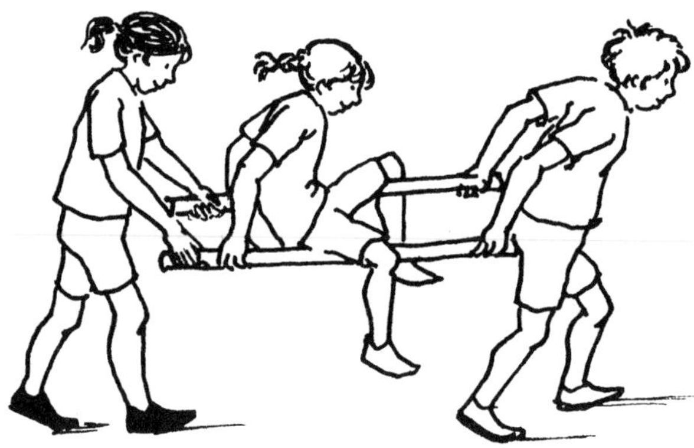

Ausklang

Die Gruppen stellen ihre Tragemöglichkeiten vor.

Staffelspiele mit dem Gymnastikstab

Lernziele: Schnelligkeit, Ausdauer, Geschicklichkeit
Kooperation
Fairness beim Wettkampf

Gerätebedarf: Gymnastikstäbe, fünf Gymnastikbälle, fünf Bananenkartons, zehn Hütchen

Unterrichtsverlauf

Einstimmung

„Walpurgisnacht"
Die Kinder „reiten" mit ihrem „Besen" (Gymnastikstab zwischen den Beinen) durch die Halle. Auf ein Signal führen sie verschiedene Aufgaben aus:

„Blocksberg" → auf eine Sprossenwand oder Langbank klettern (der Stab darf dabei nicht zu Boden fallen)

„Hexentanz" → um den am Boden liegenden Besen tanzen (Hopserschritte)

„Hexenfeuer" → in eine Ecke „reiten"

„Hexenzauber"
Kreisaufstellung:
Die „Hexen" stehen in Kreisaufstellung hintereinander im Abstand von ca. einem halben Meter und halten mit der Innenhand am oberen Ende ihren „Besen" (Gymnastikstab), der senkrecht am Boden aufgestellt wird. Auf Kommando lassen alle gleichzeitig ihren Stab los und versuchen den Stab vom Vordermann zu fassen, ohne dass er zu Boden fällt.

Hinweise und Tipps

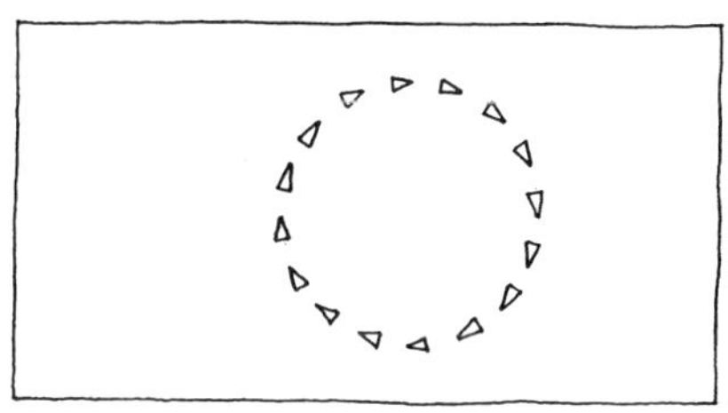

Hauptteil

Staffeln mit dem Gymnastikstab

Die Kinder bilden fünf gleich große Gruppen und sitzen im Schneidersitz hinter den Hütchen ab.

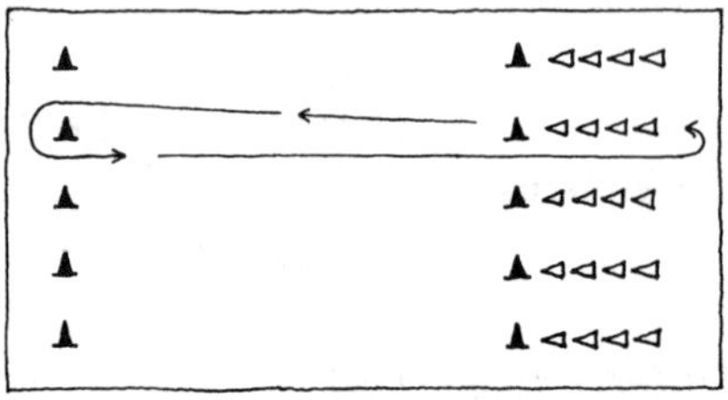

Jede Gruppe besitzt zwei Gymnastikstäbe und einen Gymnastikball.

Sie laufen um ein Mal herum (Umkehrstaffel) und führen dabei folgende Aufgaben aus:

- Einen Ball mit zwei Stäben treiben bzw. führen
- Einen Ball zwischen zwei Stäbe klemmen und transportieren
- Um das Hütchen herum „reiten"
- Einen Stab bis zum Hütchen rollen und als „Hexe" (Besen zwischen den Beinen) zurück „reiten".

Variationen beim Rollen:

- Mit der rechten oder linken Hand
- Mit beiden Händen
- Mit dem rechten oder linken Fuß
- Mit beiden Füßen
- Auf allen Vieren

- „Sänfte"

Zwei Kinder tragen einen Dritten wie in einer „Sänfte" um das Hütchen herum.

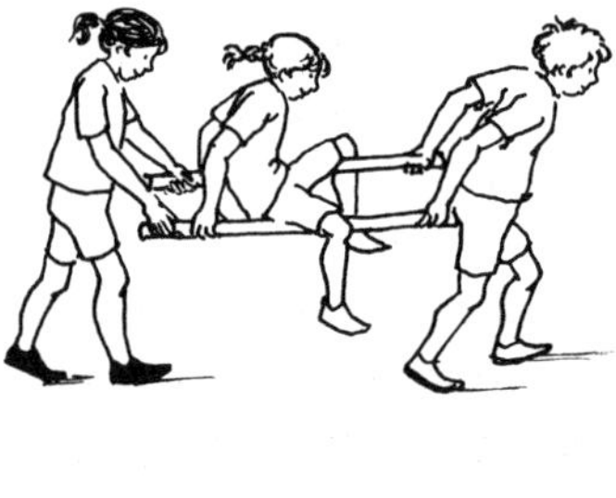

- „Förderband"

Jede Gruppe besitzt mehrere Stäbe, die nebeneinander vor das Hütchen gelegt werden. Auf den Stäben wird nun ein Bananenkarton bis zum Hütchen gerollt. Alle Kinder einer Gruppe helfen zusammen, die hinteren Stäbe nach vorne zu legen.

Balancieren auf der Langbank

Lernziele: Gleichgewicht und Gewandtheit
Konzentration
Kooperation

Gerätebedarf: Fünf Langbänke, fünf Gymnastikreifen, zehn Hütchen, zehn Gymnastikbälle

Unterrichtsverlauf

Einstimmung

Sechs Kinder (auf jeder Längsseite drei) tragen eine Langbank. Alle Kinder gehen an den Seiten vorwärts.

Spiel: „Feuer, Wasser, Blitz"
Die Kinder laufen, krabbeln oder hüpfen vorwärts und rückwärts durch die Halle und reagieren auf die Signale:

- „Feuer" → in eine der vier Ecken laufen
- „Wasser" → auf eine der Langbänke steigen
- „Blitz" → unter eine der Langbänke kriechen

Hauptteil

Die Kinder bilden vier gleich große Gruppen. Jede Gruppe sitzt hinter einer Bank ab.

Balancieren auf der Langbank

- Über die Langbank balancieren
  → vorwärts
  → rückwärts
  → seitwärts
  → auf allen Vieren
- Während des Balancierens über Hütchen steigen
  → auch rückwärts

Hinweise und Tipps

- Nach jedem Signal wechselt die Fortbewegungsart.

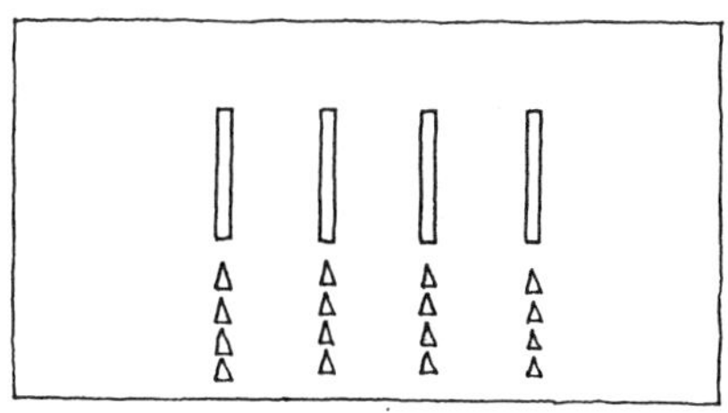

- Während des Balancierens über Hütchen und durch einen Reifen steigen
  → auch rückwärts

An einem Partner vorbei balancieren

Die Hälfte jeder Gruppe setzt sich hinter das gegenüberliegende Bankende.

- Die Ersten jeder Seite beginnen gemeinsam mit dem Balancieren, begegnen sich auf der Bank und versuchen aneinander vorbei zu kommen, ohne absteigen zu müssen. Eventuell verschiedene Lösungsmöglichkeiten vorstellen lassen.
- Wie oben. Die Partner übergeben bei der Begegnung einen Gymnastikball.

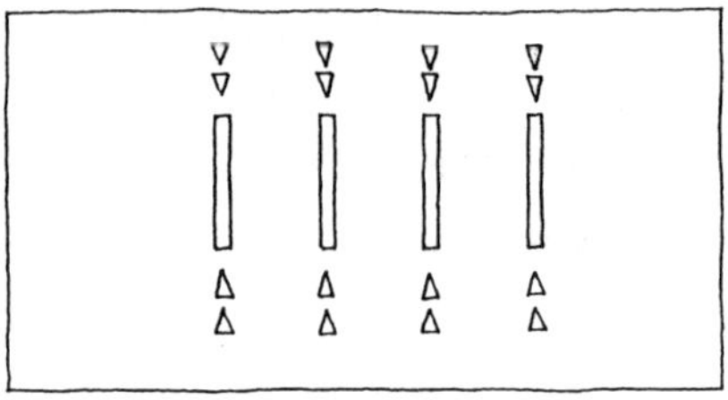

Auf der umgedrehten Langbank balancieren

Die Langbänke werden auf die Sitzfläche umgedreht. Alle Kinder sitzen wieder an einem Ende.

- Balancieren vorwärts, rückwärts und seitwärts (gegebenenfalls mit Partnerhilfe)
- Am Partner vorbei balancieren
- Über Hütchen und durch Reifen steigen

- Hinweis: „Einigt euch auf eine Seite, auf die ihr die Bank legt und achtet auf eure Finger!"
- Eine Gruppe demonstriert das Umdrehen der Bank.

Ausklang

Balancierstaffel

Die Kinder balancieren vorwärts auf der umgedrehten Langbank und transportieren dabei einen Gymnastikball. Der Ball wird wie ein Staffelstab an den nächsten Schüler übergeben.

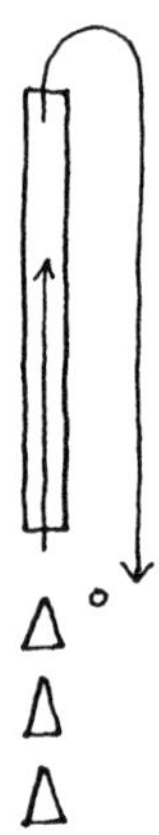

Klettern und Balancieren an Langbank und Sprossenwand

Lernziele: Erweitern der Bewegungserfahrungen im Klettern und Balancieren
Kräftigung der Arm- und Rumpfmuskulatur
Überwinden von Hemmungen und Angst

Gerätebedarf: Vier Sprossenwände, vier Langbänke, acht Matten

Unterrichtsverlauf

Hinweise und Tipps

Einstimmung

Spiel „Chinesische Mauer“

Zwei Langbänke stehen auf der Mittellinie und teilen die Halle in zwei Hälften. Ein „Chinesischer Kaiser“ steht auf der „Chinesischen Mauer“, alle anderen Kinder stehen auf einer Hallenseite. Auf ein Signal (Pfiff, Handzeichen o. Ä.) des Lehrers versuchen die Kinder über die „Mauer“ zu springen, ohne vom „Kaiser“ abgeschlagen zu werden. Abgeschlagene Kinder werden zu Gehilfen des Kaisers. Wenn die „Mauer“ undurchlässig geworden ist, wird eines der übrig gebliebenen Kinder zum Kaiser und das Spiel beginnt von vorne. Kaiser dürfen sich nur auf der Mauer bewegen.

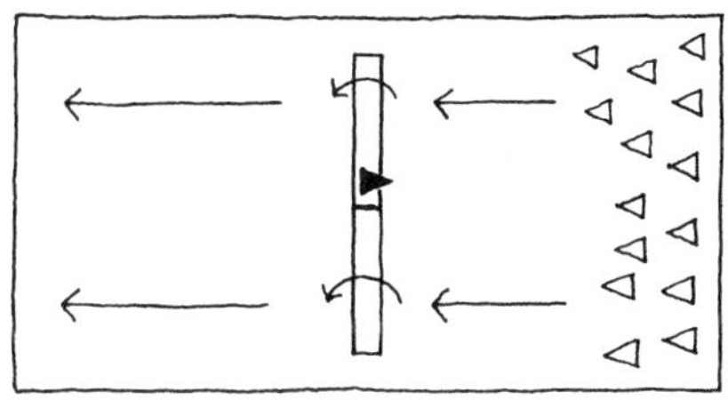

Die Kinder müssen über die „Mauer“ springen. Die freien seitlichen Zonen sind tabu.

Hauptteil

Geräteaufbau

Sechs Kinder tragen eine Langbank. Der Lehrer hängt die Langbänke in der vierten oder fünften Sprosse ein. Die Schüler bilden vier gleich große Gruppen.

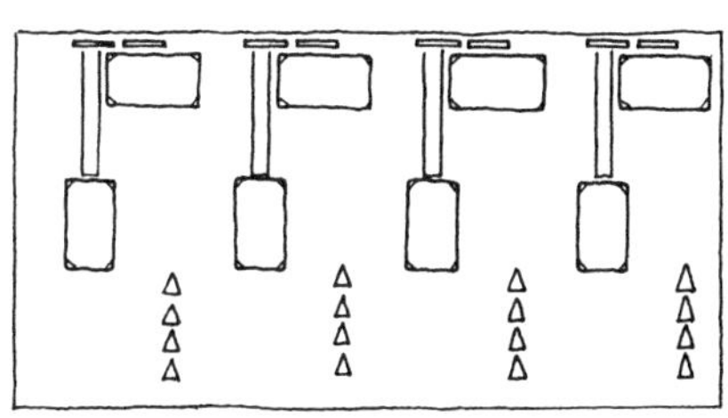

Turnen an Langbank und Sprossenwand

- Aufklettern im rechten Sprossenfeld, hinüberklettern zum linken Sprossenfeld und herunterrutschen auf der Langbank.
- Wie oben mit anschließender Rolle vorwärts auf der Matte.
- Wie oben, aber Aufklettern mit dem Rücken zur Sprossenwand (rücklings).
- Aufklettern mit dem Rücken zur Sprossenwand, eine halbe Drehung ausführen und rückwärts herunterrutschen.
- Hochbalancieren auf der Langbank und herunterklettern an der Sprossenwand.
- An der Langbank hochbalancieren, im anderen Sprossenfeld eine ganze Drehung ausführen und herunterklettern.
- In Bauchlage an der Langbank hochziehen und mit dem Rücken zur Sprossenwand absteigen.
- Zwei Kinder beginnen gleichzeitig mit dem Aufstieg: A an der Langbank, B an der Sprossenwand. Oben angekommen, klettern sie auf der Sprossenwand aneinander vorbei und steigen wieder ab.

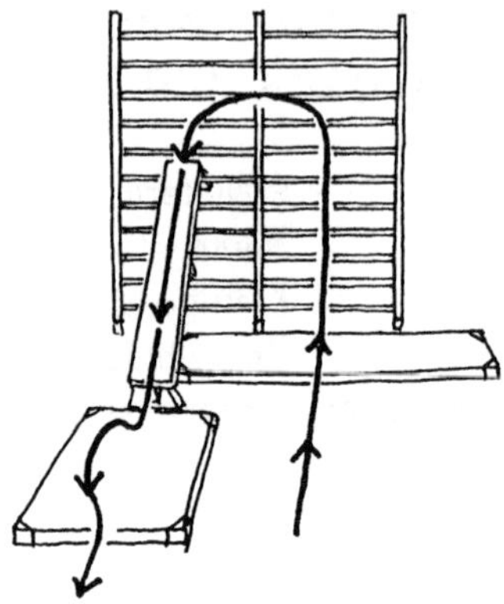

- Jede Übung demonstrieren lassen.
- Nicht um die Wette klettern lassen!
- Hinweis: „Springe nicht herunter!"
- Partnerhilfe anbieten: Der Partner reicht dem Turnenden die Hand.

Ristgriff:
Die Hand umgreift die Sprosse so, dass der Daumen unter der Sprosse liegt. → Abrutschen vermeiden

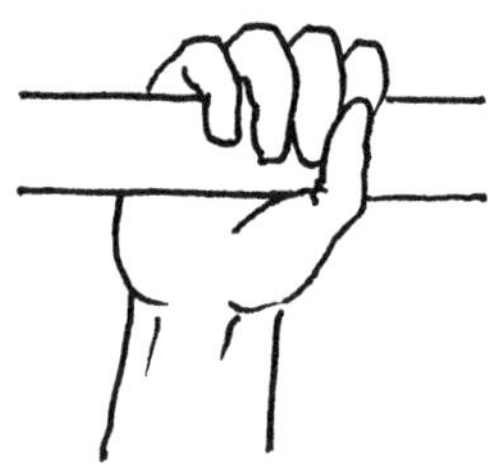

Ausklang

Kletter- und Balancierparcours

Jedes Kind beginnt an seiner Station und wechselt danach zur nächsten. Die Kinder bestimmten selbst, wie sie die Strecke überwinden.

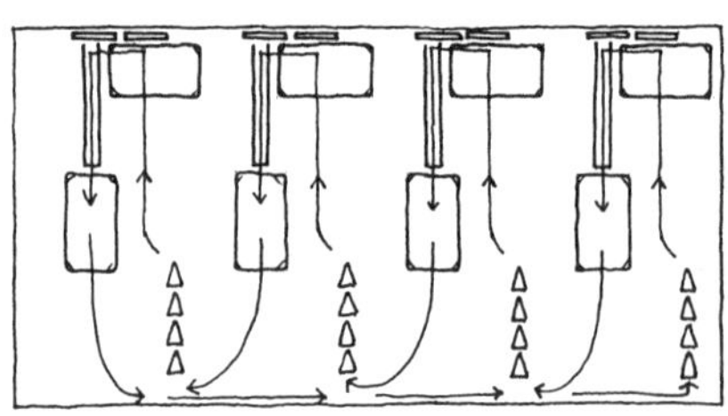

Ausdauerschulung an der Langbank

Lernziele: Laufen auf vorgegebenen Raumwegen
Ausdauer
Kooperation, Konzentration

Gerätebedarf: Fünf bis sechs Langbänke, zwei Hütchen, Laufmusik

Unterrichtsverlauf

Hinweise und Tipps

Einstimmung

Laufen mit Begegnung

Die Kinder laufen zur Musik durch die Halle. Wenn sie jemandem begegnen, führen sie folgende Aufgaben aus:

- Dem anderen in die Hand klatschen
- Beide Hände anklatschen
- Einhaken und drehen
- Beide Hände fassen und drehen
- Durch die gegrätschten Beine eines Mitspielers kriechen
- Über einen Mitspieler springen

- Bei Musik-Stopp nennt der Lehrer die nächste Aufgabe.

Hauptteil

Laufen am Bankslalom

Die Kinder bilden hinter dem Hütchen zwei gleich große Reihen.
Die ersten Läufer der beiden Reihen starten gleichzeitig aus verschiedenen Richtungen. An den Begegnungsstellen führen sie die zuvor genannten Aufgaben aus.
Das nächste Paar läuft los, wenn die Vorgänger sich zum ersten Mal begegnen.

- Die ersten zwei Kinder jeder Reihe demonstrieren die jeweilige Übung.
- Ein Handzeichen der Läufer erleichtert den gemeinsamen Start.

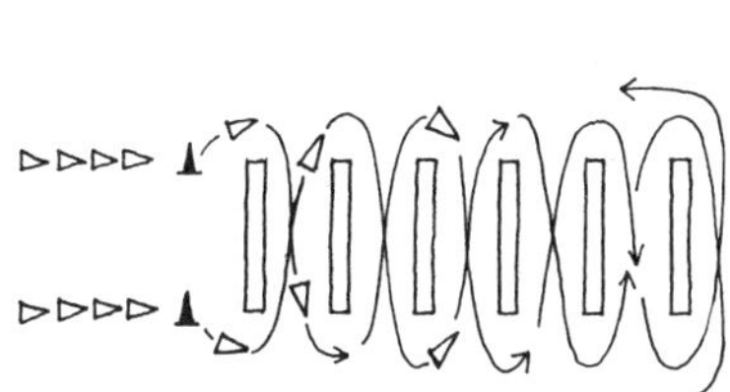

- Einüben des Laufweges ohne Partnerberührung
- Dem anderen in die Hand klatschen usw.

Laufen am Bank-Stern

Die Langbänke werden in Form eines Sterns aufgestellt. In der Mitte befindet sich ein Hütchen als Umlaufstelle. Die „Strahlen" des Sterns werden nacheinander abgelaufen.

- Die Kinder laufen den Stern einzeln ab.
- Die Kinder bilden Paare. Die „Strahlen" werden nacheinander im Wechsel bewältigt. Der zurückkehrende Partner ruht sich jeweils in der Mitte bis zu seinem nächsten Einsatz aus.

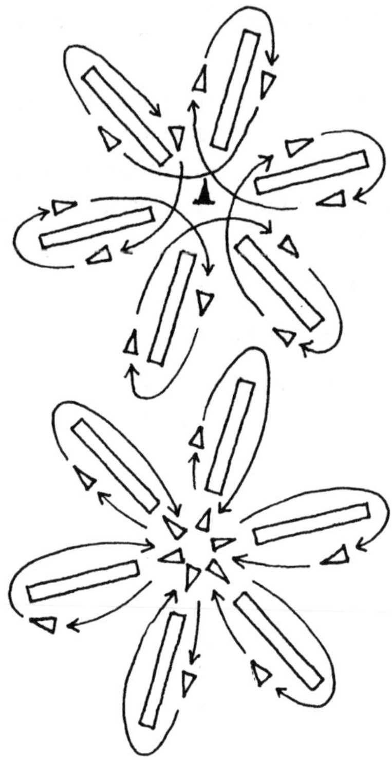

Variation: Es können für jede Runde verschiedene Laufaufgaben gestellt werden, z. B.:

- Anfersen
- Kniehebelauf
- Hopserlauf
- Beine gestreckt nach vorne heben
- Beine gestreckt nach hinten heben.

- Jede Laufform demonstrieren lassen:

Ausklang

Handauflegen

Die Kinder bilden Paare. Partner 1 legt sich auf den Rücken. Partner 2 kniet sich daneben und legt seine Hand im Wechsel für jeweils ein bis zwei Minuten locker auf den Bauchraum sowie auf den Brustraum. Dabei wird beobachtet, wie sich die Hand durch die Atmung bewegt.

Spiel- und Übungsformen mit Teppichfliesen

Lernziele: Gleichgewichtsschulung, taktile Wahrnehmungsfähigkeit
Kräftigung von Rumpf-, Bein- und Armmuskulatur
Ausdauer, Schnelligkeit, Geschicklichkeit
Kooperation

Gerätebedarf: Für jedes Kind eine Teppichfliese, Musik

Tipp:

Teppichfliesen sind meist kostenlos in Teppichgeschäften erhältlich. Sie besitzen eine rutschige und eine rutschfeste Seite. Wird die Teppichfliese nicht als Fahrzeug benutzt, muss sie unbedingt auf der Gummiseite liegen! Eventuell vorhandene Papieraufkleber auf der Gummiseite entfernen!

Unterrichtsverlauf | *Hinweise und Tipps*

Einstimmung

Fangspiel
Die Schüler laufen durch die Halle. Drei bis fünf Kinder „rollern" mit einem Fuß auf der Teppichfliese und versuchen, andere Schüler abzuschlagen. Gefangene Kinder holen sich auch eine Teppichfliese und werden zu Fängern.

Die Teppichfliesen liegen mit der Gummiseite nach unten im Raum verteilt. Die Kinder
- laufen im Slalom um die Teppichfliesen.
- umkreisen die Teppichfliesen.
- überspringen die Teppichfliesen.
- setzen/stellen sich bei Musik-Stopp auf eine Teppichfliese (eine Fliese weniger als Kinder).

- Hinweis: „Achte darauf, dass du mit niemandem zusammenstößt!"

Hauptteil

Freie kreative Phase

Die Kinder experimentieren mit der Teppichfliese.

Der Lehrer greift einige Übungsformen auf, lässt diese demonstrieren, die anderen Kinder machen sie nach:

- „Roller fahren“: Ein Bein auf die Fliese, das andere schiebt an.
- „Schubkarre“: Beide Hände auf der Fliese, die Beine schieben an.
- „Twist“: Vorwärts- oder Rückwärtsbewegung, Beugen der Beine und gegengleiches Schwingen der Arme im Stand.
- „Skilanglauf“: Die Kinder stehen hintereinander, das rechte Bein auf der rechten Fliese, das linke Bein auf der linken Fliese. Vorwärtsbewegung zu zweit.

Spiele mit Teppichfliesen

- **„Bodenleger“**

Zwei Mannschaften. Gruppe A legt die Teppichfliesen mit der Gummiseite nach oben auf den Boden. Gruppe B mit der Gummiseite nach unten. Während die Musik läuft, versucht jede Gruppe, die Teppichfliesen der anderen umzudrehen. Welche Gruppe hat bei Musik-Stopp die meisten richtig herum liegenden Teppichfliesen?

- **„Inselspringen“**

Die Kinder verteilen alle Teppichfliesen so mit der Gummiseite nach unten in der Halle, dass sie von „Insel“ zu „Insel“ springen können. „Schafft ihr es, aneinander vorbei zu kommen?“

Ausklang

Spiel: „Sturmwarnung“

Die Teppichfliesen liegen wie kleine Inseln im Meer auf dem Boden. Die Kinder laufen um die Inseln. Auf ein Notsignal („Sturmwarnung“} rettet sich jeder so schnell wie möglich auf eine Insel. Leider werden jedoch immer mehr Inseln vom Meer verschlungen (nach jedem Stopp einige Teppichfliesen wegnehmen). Die Schüler müssen sich jetzt gemeinsam auf die verbleibenden Inseln retten (gegenseitiges Umklammern und Festhalten).

Staffelspiele mit Teppichfliesen

Lernziele: Gleichgewichtsschulung,
Ausdauer, Schnelligkeit, Geschicklichkeit
Fairness beim Wettkampf, Kooperation

Gerätebedarf: acht Teppichfliesen, vier (fünf) Sprungseile, acht (zehn) Hütchen

Tipp:

Teppichfliesen sind meist kostenlos in Teppichgeschäften erhältlich. Sie besitzen eine rutschige und eine rutschfeste Seite. Wird die Teppichfliese nicht als Fahrzeug benutzt, muss sie unbedingt auf der Gummiseite liegen! Eventuell vorhandene Papieraufkleber auf der Gummiseite entfernen!

Unterrichtsverlauf

Einstimmung

Spiel: „Bodenleger“
s. UB „Spiel- und Übungsformen mit Teppichfliesen“: S. 74

Hauptteil

Staffelspiele mit Teppichfliesen
Die Kinder bilden vier bis fünf gleich große Mannschaften. Jede Mannschaft hat eine Teppichfliese.

- **Umkehrstaffel**

Die Teppichfliese dient als Staffelstab und wird jeweils dem nächsten Läufer übergeben.
Variante: Der erste Läufer legt die Teppichfliese am Hütchen ab und schlägt den zweiten Läufer ab. Dieser holt die Fliese, der Dritte bringt sie wieder zum Hütchen usw.

Hinweise und Tipps

- Jede Aufgabe demonstrieren lassen.
- Hinweis: „Laufe von rechts nach links um das Hütchen!“ (Demonstrieren lassen) → Zusammenstöße vermeiden.

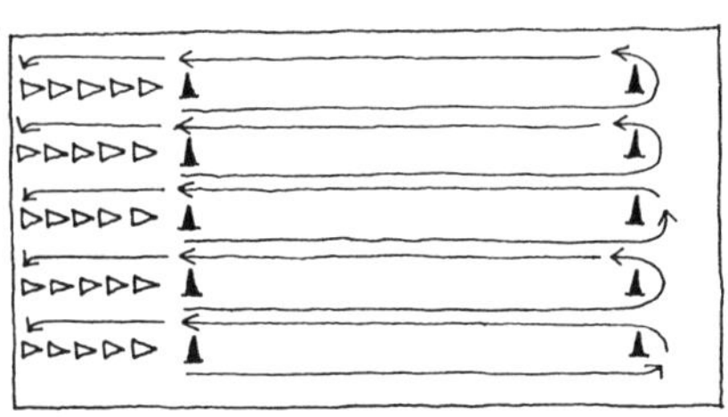

• **„Roller fahren"**
„Roller fahren": Ein Bein auf der Fliese, das andere schiebt an.

• **„Schubkarre schieben"**
„Schubkarre": Beide Hände auf der Fliese, die Beine schieben an.
Jede Mannschaft hat zwei Teppichfliesen.

• **„Römisches Wagenrennen"**
Partner 1 sitzt auf einer Fliese, die Füße stehen auf der zweiten Fliese. Partner 2 zeiht ihn am Sprungseil bis zum Hütchen. Dort tauschen die beiden Partner und Partner 1 zieht nun Partner 2 zurück.

• **„Wagen schieben"**
Partner 1 sitzt auf einer Fliese, die Füße stehen auf der zweiten Fliese. Partner 2 schiebt ihn (beide Hände am Rücken) zum Hütchen. → Wechsel

• Eventuell den Abstand zwischen den Hütchen verkleinern.

• **„Skilanglauf"**
Paarweiser Skilanglauf bis zum Hütchen: Die Kinder stehen hintereinander, das rechte Bein auf der rechten Fliese, das linke Bein auf der linken Fliese. Der Hintere schlingt seine Arme um den Bauch des Vordermanns. Den Rückweg laufen die Partner mit Handfassung und tragen dabei die Fliesen in der jeweils freien Hand.

Ausklang

„Balancierstaffel"
Die Kinder balancieren die Teppichfliese auf dem Kopf; die Arme sind hinter dem Rücken.

Staffelspiele mit dem Joghurtbecher

Lernziele: Schnelligkeit, Ausdauer, Geschicklichkeit
Kooperation
Fairness beim Wettkampf

Gerätebedarf: Je Kind ein Joghurtbecher, zehn Gymnastikstäbe, zehn Hütchen, neun Geldmünzen, ein Knopf

Unterrichtsverlauf

Einstimmung

Die Kinder halten einen Joghurtbecher in der Hand und laufen nach Musik frei durch die Halle.

- Sie tauschen mit jedem Schüler, den sie treffen, den Joghurtbecher.
- Sie balancieren während des Laufens den Becher auf der Handinnenfläche/dem Handrücken.
- Zwei Kinder, die sich treffen, stellen sich einander gegenüber, werfen zweimal gleichzeitig den Becher hoch und fangen ihn wieder. Danach laufen sie weiter und suchen sich einen neuen Partner.
- Wie oben, aber die Kinder werfen ihren Joghurtbecher zum Partner.

Hinweise und Tipps

- Hinweis: „Achte darauf, dass der Becher nicht zerbricht."
- Hinweis: „Becher nicht mit den Fingern festhalten!"
- Jede Übung kurz demonstrieren lassen.

Hauptteil

Staffeln mit dem Joghurtbecher
Die Kinder bilden fünf gleich große Mannschaften.

- Jede Aufgabe von einem Kind demonstrieren lassen.

- **„Schatzsuche"**

Jedes Kind stellt seinen Joghurtbecher auf eine ca. 15 Meter entfernte Linie und setzt sich zurück in seine Gruppe. Der Lehrer versteckt unter den Bechern neun Geldmünzen und einen Knopf. Der Erste jeder Mannschaft

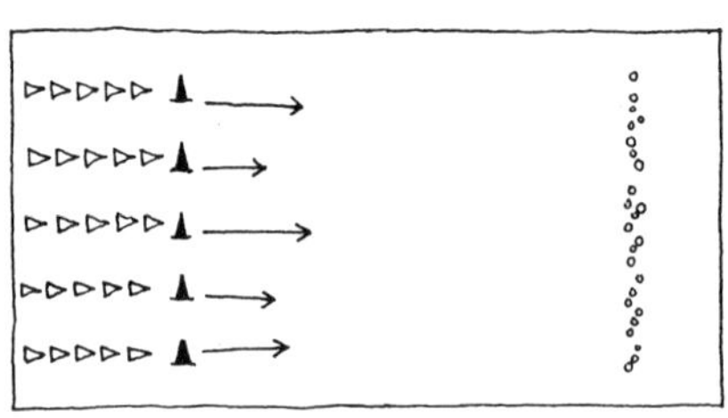

läuft zun den Bechern und deckt einen davon auf. Befindet sich darunter eine Münze, so darf er diese mitnehmen und unter dem Starthütchen der Gruppe deponieren. Ist der Becher leer, muss der Schüler ohne Münze zurückkehren und den nächsten Läufer abschlagen. Die Becher werden immer wieder mit der offenen Seite nach unten an ihren Platz gestellt. Sieger ist die Mannschaft mit den meisten Münzen. Der Knopf zählt zweifach.

- **„Turmbau-Staffel"**

Jedes Kind besitzt einen Becher. Der erste Schüler läuft zum Wendemal und beginnt mit seinem Joghurtbecher den Turmbau. Anschließend läuft er zurück und schlägt den nächsten Läufer ab. Sieger ist die Mannschaft, die zuerst ihrenTurm fertig gebaut hat und wieder hinter ihrem Hütchen sitzt.

- **„Fackellauf"**

(Ein Becher pro Mannschaft)

Das erste Kind jeder Mannschaft hält einen Gymnastikstab mit aufgestülptem Becher als Staffelstab („Fackel") in der Hand. Es umläuft das Wendemal und übergibt dem zweiten Kind, das einen Gymnastikstab ohne Becher in der Hand hält, den Joghurtbecher. Der Becher darf dabei nicht mit den Händen berührt werden. Der erste Läufer übergibt seinen Stab an den dritten Schüler usw.

- Hinweis: „Laufe von rechts nach links um das Hütchen!" (Demonstrieren lassen) → Zusammenstöße vermeiden

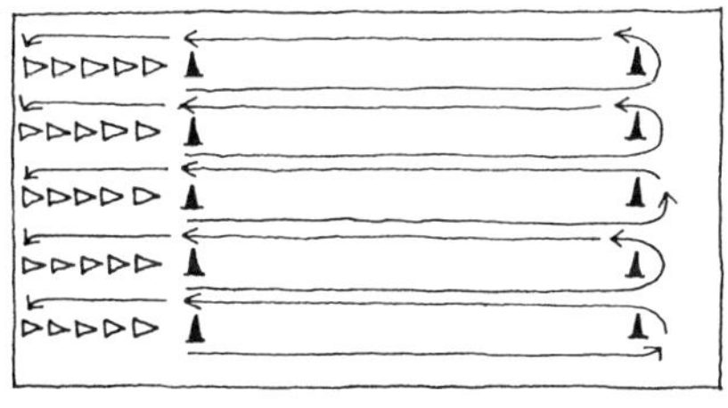

Ausklang

Balancierstaffel

Jede Mannschaft hat einen Becher. Der Schüler bewegt sich mit einem Joghurtbecher auf dem Kopf um ein ca. fünf Meter entferntes Wendemal und übergibt den Becher dem nächsten Kind. Verliert er den Becher, muss er stehen bleiben, den Becher wieder aufnehmen und darf dann erst weitergehen.

Laufen und Springen mit Bananenkartons

Lernziele: Erweitern der Bewegungserfahrungen im Laufen und Springen
Ausdauernd laufen und springen
Sich auf einen Partner einstellen, Kooperation
Fairness beim Wettkampf

Gerätebedarf: Halb so viele Bananenkartons wie Kinder, Laufmusik, acht Hütchen

Tipp:

Bananenkartons sind kostenlos in Supermärkten erhältlich. Abstehende Klammern beseitigen!

Unterrichtsverlauf

Einstimmung

Spiel: „Verzaubern"
Die Kartons sind frei in der Halle verteilt. Drei bis fünf Zauberer fangen und „verzaubern" durch Abschlag. Die „Verzauberten" stellen sich im Grätschstand über den Karton. Noch nicht Abgeschlagene können den „Verzauberten" befreien, wenn sie den Karton aus den gegrätschten Beinen schieben.

Hauptteil

Laufformen alleine
- Laufen vorwärts und rückwärts um die Kartons
- Laufen mit Berühren der Kartons (rechte/linke Hand, beidhändig)
- Laufen über die Kartons mit gegrätschten Beinen
- Laufen seitwärts mit Überkreuzen der Beine, bei Musik-Stopp sucht sich jedes Kind einen Karton und setzt sich neben ihn.

Hinweise und Tipps

- Die Kinder laufen nach Musik. Bei Musik-Stopp setzen sie sich auf den Boden und der Lehrer sagt die nächste Aufgabe an.
- Hinweis: „Die Kartons nicht in zwei Teile zerlegen!" (→Anzahl der Kartons verändert sich.)
- Jede Übung demonstrieren lassen!

- Die Hälfte der Kinder trägt einen Karton und übergibt ihn jeweils einem Läufer, der keinen Karton hat.

Laufformen mit dem Partner (mit Handhaltung)

- Laufen um die Kartons vorwärts und rückwärts.
- Ein Partner berührt einen Karton, dann der andere Partner einen anderen Karton.
- Ein Partner überläuft den Karton mit gegrätschten Beinen, dann der andere Partner einen anderen Karton.
- Die beiden Partner tragen einen Karton am Griffloch.

Springen an rhythmisch angeordneten Reihen

- Laufen (im Dreierrhythmus) mit Überspringen der Kartons.

- Slalomlauf mit dem Partner, die Partner überspringen wechselweise die Kartons.

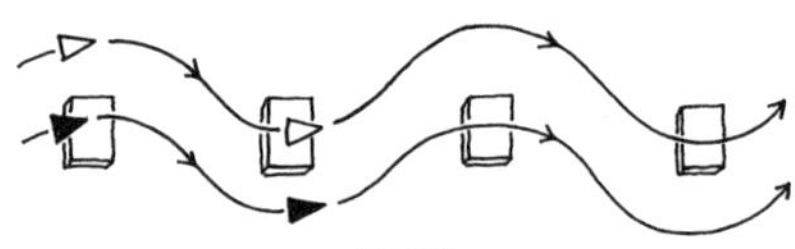

- Wechselweise Schersprünge an den Querreihen.

Ausklang

Kartonauf- und Abbaustaffel

Die Kinder bilden vier bis fünf gleich große Mannschaften. Jede Gruppe erhält halb so viele Kartons wie Mitspieler (z. B. drei Kartons für sechs Läufer). Die Kinder sitzen im Schneidersitz hinter einem Hütchen.

- Kartonaufbaustaffel
  Jeweils zwei Kinder tragen einen Karton zu einer entfernten Linie und legen ihn dort nieder. Die beiden Partner laufen mit Handfassung zurück und schlagen das nächste Paar ab, das ihren Karton auf den ersten drauflegt usw.
- Kartonabbaustaffel
  Der Stapel wird wieder abgebaut, indem jedes Paar wieder einen Karton abholt. Die Kartons werden an der Startmarke aufgestapelt.
- Kartonauf- und -abbaustaffel
  Die beiden Staffeln werden miteinander kombiniert.
  Variation: Mit Slalomlauf um Hütchen

- Ergibt die Gruppengröße eine ungerade Zahl, laufen die Letzten der Gruppe zu dritt.
- Sieger ist die Gruppe, die als Erste im Schneidersitz hinter dem Hütchen sitzt (→ besserer Überblick für den Lehrer).

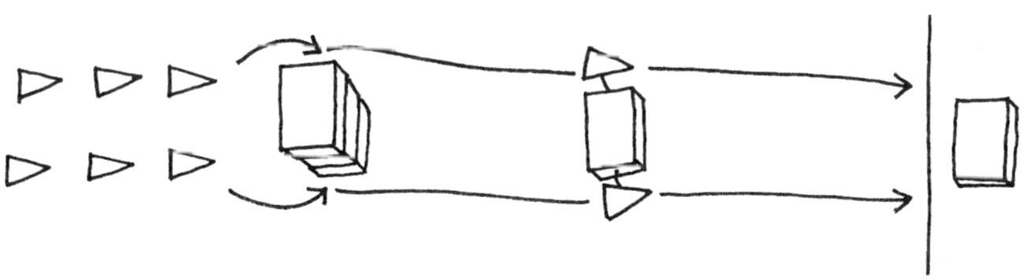

Zielwerfen auf Bananenkartons

Lernziele: Erweitern der Bewegungserfahrungen im Werfen
Zielgenau werfen
Fairness, Kooperation

Gerätebedarf: 20 Bananenkartons, je Kind ein Schlagball, zwei Langbänke, vier Hütchen

Tipp:

Bananenkartons sind kostenlos in Supermärkten erhältlich. Abstehende Klammern beseitigen!

Unterrichtsverlauf | *Hinweise und Tipps*

Einstimmung

Spiel: „Kuckucksei"

Die Kinder bilden vier gleich große Mannschaften. Vier offene Kartons sind wie die Eckpunkte eines Quadrats (→ gleiche Abstände) in der Halle verteilt. Jede Mannschaft gruppiert sich um einen Karton, in dem Bälle entsprechend der Mitspielerzahl eines Teams liegen. Bei Pfiff nimmt jeder Schüler einen Ball („Kuckucksei") und legt ihn in den Karton („Nest") einer anderen Mannschaft.

Jedes Kind darf jeweils nur einen Ball transportieren und muss dann neu laufen. Zeit: ca. zwei bis drei Minuten.

Nach dem Schlusspfiff darf kein Ball mehr aus einem Karton entnommen werden.

Sieger ist die Gruppe, die nach dem Schlusspfiff die wenigsten Bälle in ihrem Karton hat.

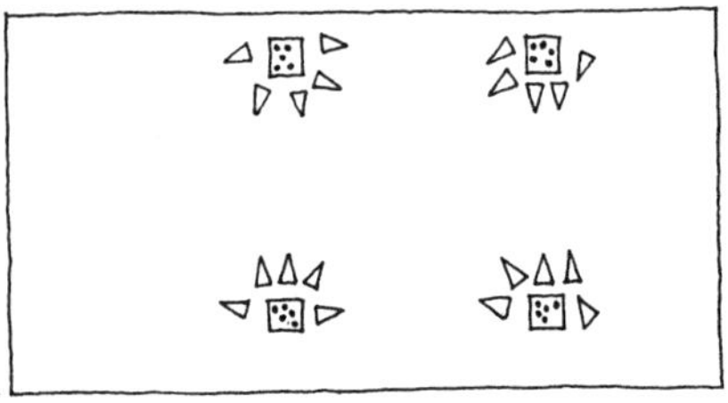

Hauptteil

Kartonabwerfen

- Jede Mannschaft besitzt einen Turm aus fünf Kartons. Die Kinder werfen von einem Hütchen aus der Reihe nach mit Bällen auf den Turm und versuchen diesen umzuwerfen. Wenn alle Gruppenmitglieder geworfen haben, holen sie gemeinsam ihre Bälle und bauen gegebenenfalls ihren Turm wieder auf. Auch als Wettkampf möglich: Welche Mannschaft hat als Erste ihren Turm umgeworfen?
- Die Kartons stehen einzeln senkrecht nebeneinander (die schmale Seite zeigt zu den Werfern). Variation: Die gegnerischen Kartons werden diagonal abgeworfen.

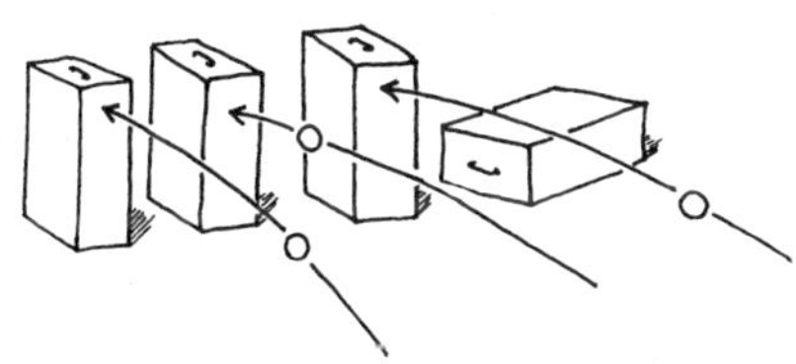

Ball in den Kasten

Jede Mannschaft hat einen Bananenkarton offen vor der Wand stehen. Der Ball soll so an die Wand geworfen werden, dass er anschließend in den Karton fällt.

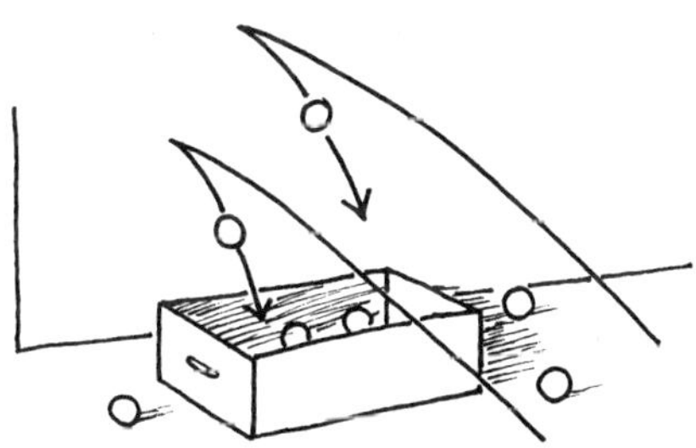

Ausklang

Spiel: „Treffball gegeneinander"

Zwischen zwei Mannschaften stehen auf Langbänken eine Reihe von Bananenkartons. Jedes Kind hat einen Ball. Die Kartons sollen so getroffen werden, dass sie in das gegnerische Feld fallen. Es darf nur von der Abwurflinie aus geworfen werden.

Sieger ist die Mannschaft, in deren Spielfeld die wenigsten Kartons liegen.

- Hinweis: „Achte darauf, dass du keinen Mitspieler triffst, der gerade einen Ball holt!"

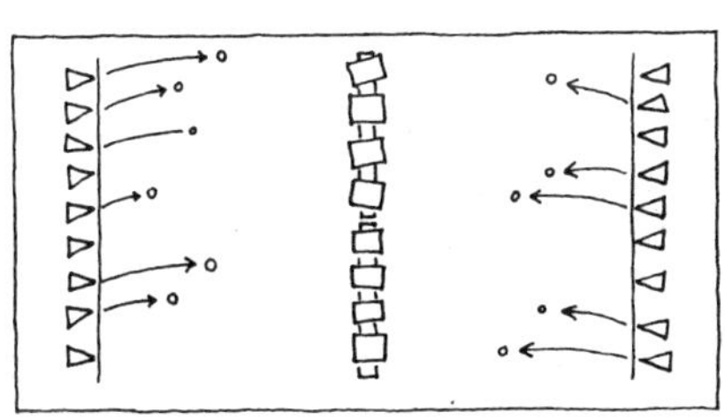

Turnen an den Ringen I

Lernziele: Erweitern der Bewegungserfahrungen im Hängen und Schwingen
Kräftigung der Arm- und Rumpfmuskulatur
Kooperation

Gerätebedarf: Vier Ringepaare, zwei Langbänke, acht Matten, vier Gymnastikbälle

Unterrichtsverlauf

Einstimmung

Die Kinder laufen in der freien Hallenhälfte, ohne sich zu berühren, dabei imitieren sie

- flatternde Vögel (Arme seitlich halten).
- kriechende Mäuse (Vierfüßlergang).
- hüpfende Kängurus (beidbeinig springen).
- kriechende Schlangen (in Bauchlage schlängeln).
- weitere selbst erdachte Tiere.

Hauptteil

Die Kinder ordnen sich der Größe nach den Ringen zu und setzen sich hinter eine vom Schwungbereich der Ringe ausreichend entfernte Linie (Abb.).

Schwingen an den Ringen
Ringe so hoch justieren, dass sie von der Langbank aus mit gestreckten Armen erreicht werden können.

- Von der Langbank nach vorne schwingen und wieder auf der Langbank landen.

Hinweise und Tipps

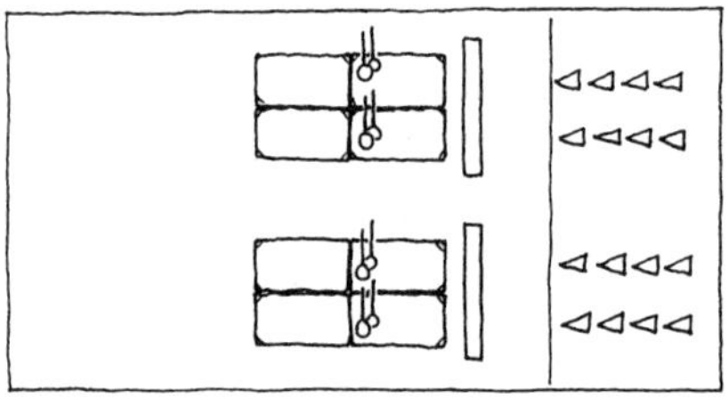

- Ringe verschieden hoch justieren und überprüfen
- Die Schüler warten außerhalb des Schwungbereichs der Ringe.
- Zusatzübungen einbauen, um die Übungsintensität der Kinder zu steigern und um lange Wartezeiten an den Ringen zu vermeiden, z. B.: Hockwenden über Langbänke, Balancieren auf Medizinbällen o. Ä.
- Richtigen Griff demonstrieren: Der Daumen liegt nicht neben dem Zeigefinger, sondern kommt von unten.

- Von der Langbank nach vorne schwingen, mit einer halben Drehung zurückschwingen.
- Mehrmaliges Hin- und Herschwingen.
- Während des Schwingens einen Gymnastikball zwischen die Beine klemmen.
- Mehrmaliges Hin- und Herschwingen mit Ball.
- Im Anschluss an das Schwingen wird der Ball so mit den Füßen hinter die Langbank befördert, dass ihn der nächste Schüler fangen kann.

Schwingen mit einem oder mehreren Partnern

- Zwei Kinder schwingen gemeinsam an einem Ringepaar (jedes Kind an einem Ring). Sie versuchen, gleichzeitig zu starten und zu landen.
- Wie oben, aber die beiden Partner schwingen nun gegengleich: Partner 2 startet, wenn sich Partner 1 am Umkehrpunkt befindet.
- Die Kinder schwingen zu dritt oder zu viert an einem Ringepaar.

→ Daumen und Zeigefinger bilden eine „Zange".

- Hinweis: „Beim Schwingen nicht abspringen. Die Ringe erst im Stand loslassen und dem Nächsten ruhig übergeben."
- Jede Übung von einem Kind demonstrieren lassen
- Hinweis zu den Übungen mit Ball: „Nimm zuerst die Ringe in eine Hand und klemme dann mit der freien Hand den Ball zwischen die Beine oder lasse dir den Ball von einem Partner zwischen die Beine klemmen."

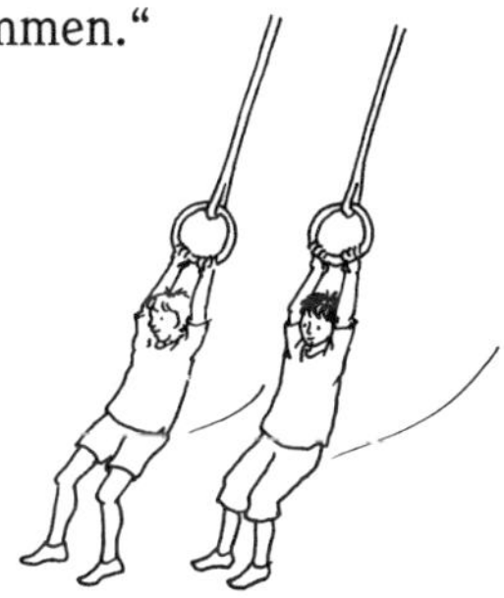

- Hinweis: „Achtet darauf, dass ihr nicht zusammenstoßt."

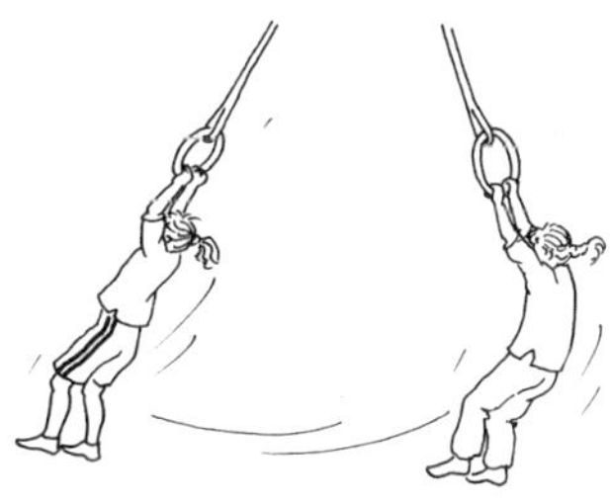

Turnen an den Ringen II

Lernziele: Erweitern der Bewegungserfahrungen im Hängen, Schwingen und Schaukeln
Kräftigung der Arm- und Rumpfmuskulatur
Kooperation

Gerätebedarf: Vier Ringepaare, zwei Langbänke, zwei Matten, acht Gymnastikbälle

Unterrichtsverlauf

Einstimmung

Spiel: „Versteinern“ (in der freien Hallenhälfte)
Drei bis vier „Versteinerer“ versuchen ihre Mitspieler abzuschlagen. Wer „versteinert“ ist, bleibt mit gegrätschten Beinen auf der Stelle stehen und kann erlöst werden, indem ein Mitspieler durch die gegrätschten Beine krabbelt.

Hauptteil

Die Kinder ordnen sich der Größe nach den Ringen zu und setzen sich hinter eine vom Schwungbereich der Ringe ausreichend entfernte Linie (Abb.).

Synchronschwingen in der Gruppe
Ringe so hoch justieren, dass sie von der Langbank aus mit gestreckten Armen erreicht werden können.

Folgende aus dem UB „Turnen an den Ringen I“ bekannten Übungen werden synchron ausgeführt, d. h. alle Kinder starten gleichzeitig auf ein vereinbartes Signal (z. B. nach „Eins, zwei, drei“ oder „Hopp“) und versu-

Hinweise und Tipps

- Ringe verschieden hoch justieren und überprüfen.
- Die Schüler warten außerhalb des Schwungbereichs der Ringe.

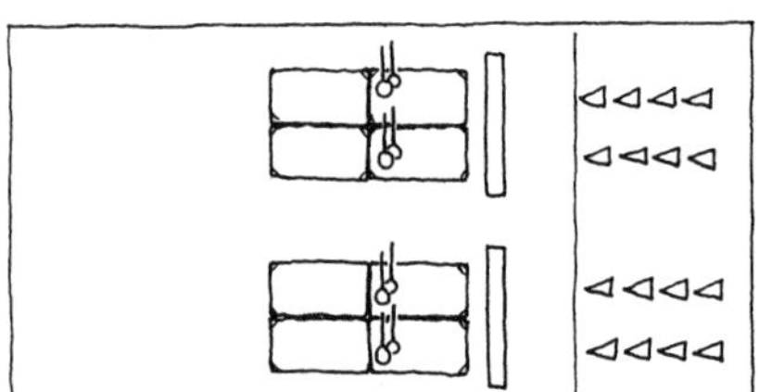

- Richtigen Griff demonstrieren: Der Daumen liegt nicht neben dem Zeigefinger, sondern kommt von unten. → Daumen und Zeigefinger bilden eine „Zange“.

chen auch gleichzeitig wieder auf der Langbank zu landen.

Die Übungsintensität wird gesteigert und die Wartezeit verringert, wenn jedes Kind an einem Ring turnt (→ Acht Kinder an vier Ringepaaren).

- Hinweis: „Beim Schwingen nicht abspringen. Die Ringe erst im Stand loslassen und dem Nächsten ruhig übergeben."
- Jede Übung von einem Kind demonstrieren lassen.

- Von der Langbank nach vorne schwingen und wieder auf der Langbank landen.
- Von der Langbank nach vorne schwingen, mit einer halben Drehung zurückschwingen.
- Mehrmaliges Hin- und Herschwingen.
- Während des Schwingens einen Gymnastikball zwischen die Beine klemmen.
- Mehrmaliges Hin- und Herschwingen mit Ball.
- Im Anschluss an das Schwingen wird der Ball so mit den Füßen hinter die Langbank befördert, dass ihn der nächste Schüler fangen kann.

- Hinweis zu den Übungen mit Ball: „Nimm zuerst die Ringe in eine Hand und klemme dann mit der freien Hand den Ball zwischen die Beine oder lass dir den Ball von einem Partner zwischen die Beine klemmen."

Schaukeln an den Ringen

Ringe bauch- bis brusthoch

- Schaukeln im Sitz mit den Füßen durch die Ringe (evtl. mit Hilfestellung)
- Schaukeln im Streckhang. Das Kind hängt sich kopfabwärts mit den Knien ein.

- Schuhe ausziehen, um einem Hängenbleiben im Ring vorzubeugen! Langbänke wegräumen!

Übungen an den ruhenden Ringen

Ringe kopfhoch

- „Kerze"
- Drehen vom Stand vorlings in den Stand rücklings
- Drehen vom Stand vorlings in den Stand rücklings mit sofort anschließendem Zurückdrehen
- „Vogelnest"

- Kinder, die mit diesen Übungen Schwierigkeiten haben, suchen sich eine der vorhergehenden Übungen aus.

Schwingen am Tau I

Lernziele: Erweitern der Bewegungserfahrungen im Hängen und Schwingen
Kräftigung der Arm- und Rumpfmuskulatur
Kooperation

Gerätebedarf: Acht Taue, zwei Langbänke, vier Matten, acht Gymnastikbälle

Unterrichtsverlauf

Einstimmung

Die Kinder bewegen sich im Slalom hintereinander durch die Taue und laufen anschließend auf den Langbänken und den aufgezeichneten Linien (Spielfeldmarkierungen) durch die Halle zum Ausgangspunkt zurück. Der Lehrer führt die Gruppe an.

- 1. Runde: Vorwärts laufen
- 2. Runde: Hopserlauf
- 3. Runde: Geduckt durch die Taue und über die Bänke laufen, rückwärts auf den Spielfeldmarkierungen zurück
- 4. Runde: Als Kette mit Handfassung laufen.

Hauptteil

Die Kinder teilen sich in gleich große Riegen ein und setzen sich hinter eine vom Schwungbereich der Taue ausreichend entfernte Linie (siehe Abb. S. 91).

Hinweise und Tipps

- Hinweis: „Versuche durch die Taue („fleischfressende Pflanzen“) zu laufen, ohne sie zu berühren!“

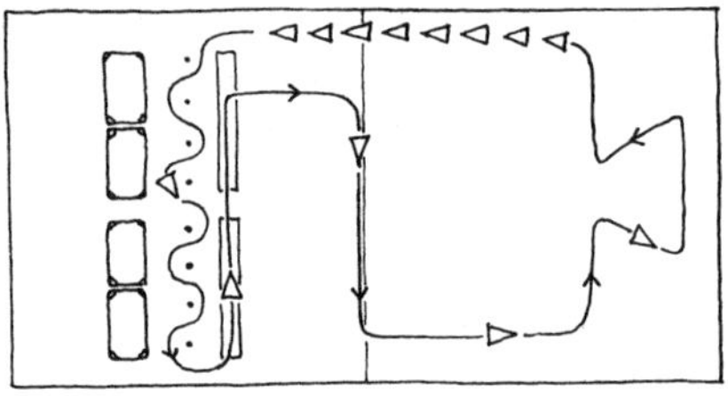

- Die Schüler warten außerhalb des Schwungbereichs der Taue.
- Falls nur vier Taue vorhanden sind, Zusatzübungen einbauen, um die Übungsintensität der Kinder zu steigern und um lange Wartezeiten an den Tauen zu vermeiden, z. B.: Hockwenden über Langbänke, Balancieren auf Medizinbällen o. Ä.

Schwingen am Tau

- Von der Langbank über einen ca. 1,5 – 2 Meter breiten „Graben“ schwingen, auf der Matte landen und von dort wieder zurück auf die Bank schwingen.
- Von der Langbank über den „Graben“ und ohne Zwischenlandung auf der Matte wieder zurückschwingen, Landung auf der Langbank.
- Mehrmaliges Hin- und Herschwingen.
- Während des Schwingens einen Gymnastikball zwischen die Beine (Kniehöhe) klemmen.
- Mehrmaliges Hin- und Herschwingen mit Ball.

Synchronschwingen in der Gruppe

- Alle vier Kinder starten gleichzeitig auf ein Signal (z. B. nach „Eins, zwei, drei“ oder „Hopp“) und versuchen auch gleichzeitig auf der Matte zu landen.
- Alle Übungen synchron.

Ausklang

Schwingstaffel

Jede Gruppe steht vor ihrem Tau. Auf ein Startzeichen schwingt das erste Kind von der Langbank über den „Graben“, springt ab und lässt das Tau los, das zum zweiten, bereits auf der Bank wartenden Kind zurückpendelt.

- Zur Differenzierung können auch verschieden breite Gräben angeboten werden. Die Kinder suchen sich dann die Station aus, die ihrem Können entspricht.
- Jede Übung von einem Kind demonstrieren lassen.
- Hinweis: „Übergib dem nächsten Schüler das Tau (und den Ball) in die Hand.“

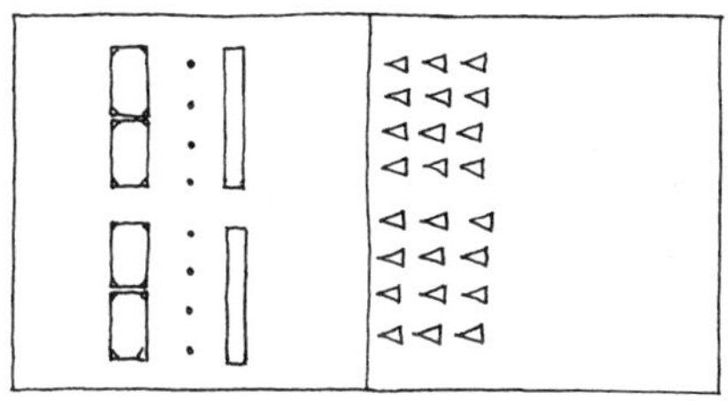

Schwingen am Tau II

Lernziele: Erweitern der Bewegungserfahrungen im Hängen und Schwingen
Kräftigung der Arm- und Rumpfmuskulatur
Kooperation

Gerätebedarf: Acht Taue, vier Langbänke, acht Matten, acht kleine Medizinbälle je 1000 gr. (alternativ Gymnastikbälle)

Unterrichtsverlauf

Einstimmung

Die Kinder bewegen sich im Slalom hintereinander durch die Taue und laufen anschließend auf den Langbänken und den aufgezeichneten Linien (Spielfeldmarkierungen) durch die Halle zum Ausgangspunkt zurück. Der Lehrer führt die Gruppe an.

- 1. Runde: Vorwärts laufen
- 2. Runde: Hopserlauf
- 3. Runde: Geduckt durch die Taue und über die Bänke laufen, mit Wedelsprüngen beidbeinig über die Linien hüpfen
- 4. Runde: Als Kette mit Handfassung laufen.

Hinweise und Tipps

- Hinweis: „Versuche durch dieTaue („fleischfressende Pflanzen") zu laufen, ohne sie zu berühren!"

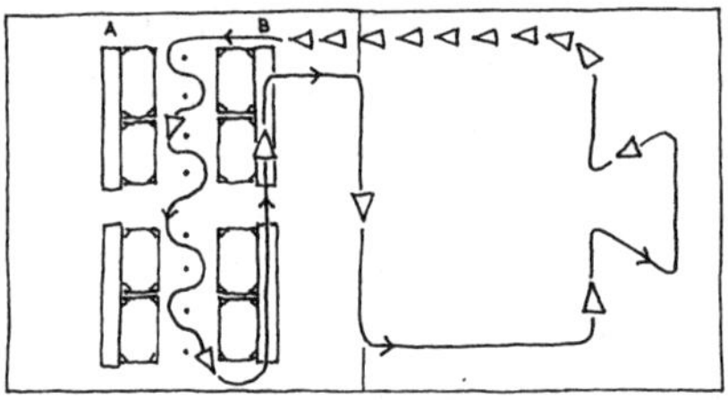

Hauptteil

Die Kinder teilen sich in gleich große Riegen ein und setzen sich hinter eine vom Schwungbereich der Taue ausreichend entfernte Linie (siehe Abb. S. 91). Abstand zwischen den Langbänken: ca. 3,5 – 4 Meter

Schwingen von Langbank zu Langbank

- Von Langbank A zu Langbank B schwingen und zurück.

- Die Schüler warten außerhalb des Schwungbereichs der Taue
- Falls nur vier Taue vorhanden sind, Zusatzübungen einbauen, um die Übungsintensität der Kinder zu steigern und um lange Wartezeiten an den Tauen zu vermeiden, z. B.: Hockwenden über Langbänke, Balancieren auf Medizinbällen o. Ä.

- Von Langbank A über Langbank B schwingen und zurück.
- Zwei Partner versuchen gemeinsam an einem Tau von A nach B und zurück zu schwingen.
- Partner 1 schwingt von A zu Partner 2, der auf B wartet und sich dazuhängt. Beide Partner schwingen gemeinsam zurück zu A.
- Während des Schwingens den Medizinball zwischen die Beine klemmen.
- Die Medizinbälle werden auf die Langbänke B gelegt und müssen beim Schwingen mit den Füßen heruntergeholt werden. Danach wieder zurücklegen.
- Partner 1 klemmt sich einen Ball zwischen die Beine, schwingt damit zu Partner 2, der hinter Langbank B steht, und schleudert ihm den Ball zu. Partner 1 landet auf Langbank B oder schwingt gleich wieder zurück zu A. Partner 2 fängt den Ball und wirft ihn zum nächsten auf der Bank A stehenden Kind.

Ausklang

Transportstaffel

Jede Gruppe steht vor ihrem Tau. Auf ein Startzeichen schwingt das erste Kind mit dem Ball zwischen den Beinen von der Langbank A zur Langbank B und zurück, übergibt das Tau und den Ball dem nächsten Kind und setzt sich hinter seine Gruppe.

- Zur Differenzierung können auch verschieden breite Gräben angeboten werden. Die Kinder suchen sich dann die Station aus, die ihrem Können entspricht.
- Hinweis: „Übergib dem nächsten Schüler das Tau (und den Ball) in die Hand."
- Jede Übung von einem Kind demonstrieren lassen.

IV. Turnen an Geräten 3. und 4. Klasse

Schwingen am Tau III

Lernziele: Erweitern der Bewegungserfahrungen im Hängen und Schwingen
Kräftigung der Arm- und Rumpfmuskulatur
Gleichgewichtsschulung
Kooperation

Gerätebedarf: Acht Taue, zwei Langbänke, vier Kästen, drei Weichbodenmatten, vier Matten, vier Bananenkartons

Unterrichtsverlauf

Einstimmung

Spiel: „Fische in den Teich!“
Zwei Fängerpaare („Fischer“) laufen in Handfassung durch die Halle und versuchen per Abschlag „Fische“ zu fangen. Abgeschlagene legen sich mit dem Rücken auf den Boden und werden von den „Fischern“ unter den Achseln und Oberschenkeln gefasst, zum „Teich“ transportiert und „hineingeworfen“. Nach zehn Brustschwimmbewegungen ist der „Fisch“ wieder frei.

Hinweise und Tipps

- Drei Weichbodenmatten in der Halle verteilen.
- Das richtige Transportieren vor Spielbeginn demonstrieren lassen!
- Hinweis: „Körperspannung der Fische während des Transports!“

Hauptteil

Die Kinder teilen sich in gleich große Riegen ein und setzen sich hinter eine vom Schwungbereich der Taue ausreichend entfernte Linie (s. Abb. S. 95).

Abstand zwischen den Kästen:
ca. 3,5 Meter

Hinweise und Tipps

- Die Schüler warten außerhalb des Schwungbereichs der Taue.
- Falls nur vier Taue vorhanden sind, Zusatzübungen einbauen, um die Übungsintensität der Kinder zu steigern und um lange Wartezeiten an den Tauen zu vermeiden, z. B.: Klettern an der Sprossenwand, Jonglieren mit Tüchern etc.

Schwingen von der Langbank zum Kasten

- Von der Langbank zum Kasten schwingen und zurück.
- Zwei Kinder an benachbarten Tauen schwingen gleichzeitig zum Kasten, landen dort, wechseln zum Tau des Partners und schwingen zurück zur Langbank.
- Von der Langbank zum Kasten schwingen, auf dem Kasten landen, das Tau zum nächsten auf der Langbank wartenden Kind zurückschicken und vom Kasten herunterkrabbeln.
- Partner 1 schwingt von der Langbank zum Kasten, landet dort und schickt das Tau zu Partner 2. Partner 2 schwingt nun zum Kasten, Partner 1 hängt sich dazu und sie schwingen gemeinsam zurück zur Langbank.
- Zur Differenzierung können auch verschieden breite Gräben angeboten werden. Die Kinder suchen sich dann die Station aus, die ihrem Können entspricht.
- Hinweis: „Übergib dem nächsten Kind das Tau in die Hand."
- Jede Übung von einem Schüler demonstrieren lassen.

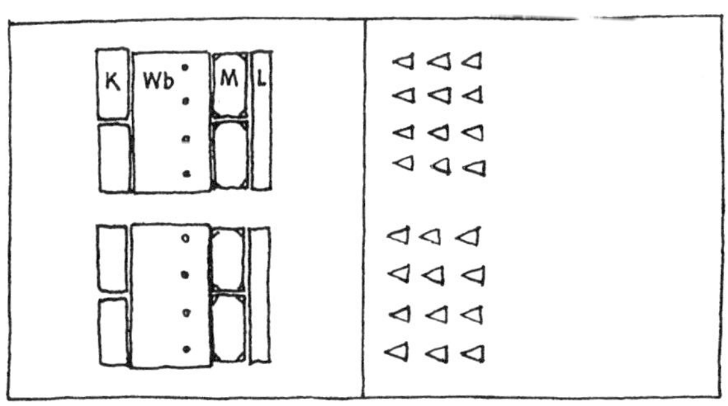

Ausklang

„Kokosnuss-Ernte“

- Die Kinder stoßen mit den Füßen gegen den „Baum“ (Weichbodenmatte) und versuchen so, die Kokosnüsse (Bananenkartons) zu ernten (herunterzustoßen).

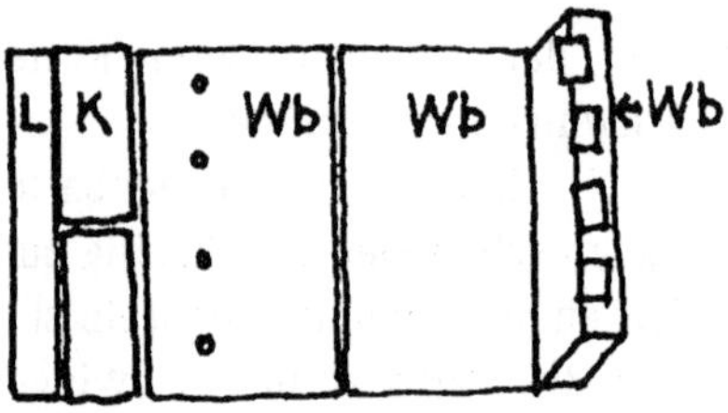

- Die Kinder („Tarzan“) schwingen vom Kasten und versuchen die „Kokosnuss“ (Bananenkarton) auf der stehenden Matte mit den Füßen herunterzustoßen.
- Nach dem Schwingen bringen die Kinder die Bananenkartons für die Nachfolgenden wieder in Position und halten die Matte fest.
- Langbank als Aufstiegshilfe auf den Kasten.

Spielerische Übungsformen mit der Weichbodenmatte

Lernziele: Schnelligkeit, vielseitige Kräftigung
Kooperation, Vertrauen in der Gruppe
Gerätebedarf: Zwei Weichbodenmatten

Unterrichtsverlauf

Einstimmung

- Um die Matten herumlaufen
- Über die Matten laufen (vorwärts, rückwärts, seitwärts, skippings)
- Über die Matten hüpfen (ein- und beidbeinig, Hopserlauf, Strecksprünge)
- Über die Matten rollen (um die Längsachse und Querachse)
- Die Gruppenführer denken sich weitere Übungen und Kunststücke aus.

Hauptteil

Jede Gruppe verteilt sich um eine Weichbodenmatte.

„Tausendfüßler"
Die Kinder zählen bis Drei, heben die Matte gemeinsam an, schlüpfen darunter und transportieren diese mit hochgestreckten Armen.

„Prinzessin auf der Erbse"
Wie 1., aber auf der Weichbodenmatte sitzt oder liegt ein Kind.

„Freier Fall"
Fünf bis sechs Kinder verteilen sich an der Mattenlängsseite, stellen die Matte gemeinsam auf und lassen sich mit der Matte fallen.

Hinweise und Tipps

Transport einer Weichbodenmatte:
Die Weichbodenmatte wird (falls erforderlich) aus dem Geräteraum geschoben bzw. gezogen. In der Halle wird sie umgelegt und an den Schlaufen von sechs Kindern transportiert.

- Zwei Schüler führen jeweils eine Gruppe an. Die Gruppen sollen sich nicht gegenseitig behindern.

- Hinweis: „Die Weichbodenmatte zum Schluss nicht fallen lassen, sondern auf ein gemeinsames Signal wieder ablegen."

„Kreisel“

Die Kinder liegen unter der Weichbodenmatte auf dem Rücken und lassen die Matte auf den Fußsohlen kreisen. Variaton: Die Kinder zählen bis Drei, stoßen die Matte mit den Füßen nach oben und fangen sie wieder ab.

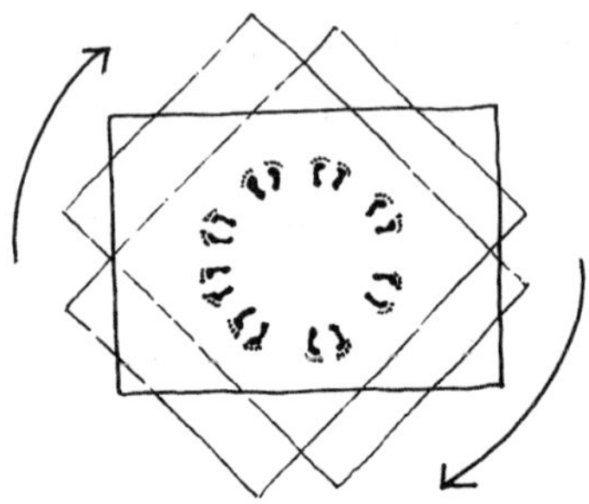

„Sandwich“

Acht Kinder liegen mit dem Bauch auf der Weichbodenmatte, vier nach jeder Seite. Kopf und Schultern sind frei. Eine zweite Weichbodenmatte wird darüber gelegt. Die anderen Kinder dürfen nun der Länge nach im Mittelbereich der Matte über das „Sandwich“ gehen, laufen und springen.

- Nur Freiwillige legen sich in das „Sandwich“.

Ausklang

Staffel: „Matten rutschen“

Zwei Mannschaften versuchen ihre Weichbodenmatte, die auf die glatte Seite gelegt wird, über die gesamte Hallenlänge zu treiben. Dazu laufen die Kinder zu zweit mit Handfassung an und springen gemeinsam mit nach vorne gestreckten Beinen so auf die Matte, dass diese möglichst weit vorwärts getrieben wird. Nach dem Sprung laufen die Kinder zur entfernten Wand, schlagen dort an, laufen zurück zu ihrer Mannschaft und schlagen dort die nächsten Spieler ab.

Erlebnisturnen am Barren

Lernziele: Bewegungsformen am Barren erkunden, ausführen, abwandeln und verbinden
Kraft, Geschicklichkeit, Gewandtheit
Kooperation

Gerätebedarf: Vier Barren und die dazugehörigen Matten, vier Hütchen

Unterrichtsverlauf

Einstimmung

Geräteaufbau

Die Kinder bilden vier gleich große Gruppen und sitzen hinter dem Hütchen ab.
Jede Gruppe läuft hintereinander als Zug durch die Halle. Auf ein Signal läuft sie zu ihrem Barren und stützelt durch die Holmengasse.

Freie kreative Phase
„Überlege, wie du noch durch die Holmengasse turnen kannst!"
Die Kinder erproben Bewegungsmöglichkeiten am Barren.

Hauptteil

Sammeln der Ergebnisse:

Demonstration der verschiedenen Elemente durch Schüler bzw. den Lehrer
Nachmachen und Üben der Elemente

Einzelübungen

- Kehre aus dem Innenquerstand in den Außenquersitz und vorrutschen im Außenquersitz
- Im Kniehang die Holmengasse durchqueren

Hinweise und Tipps

- Klare Aufgabenstellung! Wer transportiert was wie wohin? → Unfallverhütung!
- Holme in der untersten Stufe

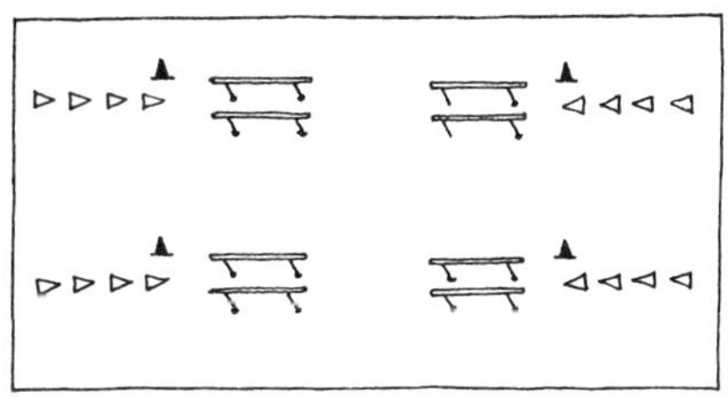

Dies ist nur ein Vorschlag für Übungen. Da es sich hier um normfreies Turnen handelt, können selbstverständlich auch andere Ideen der Kinder (vorausgesetzt, sie sind nicht zu gefährlich) miteinbezogen werden.

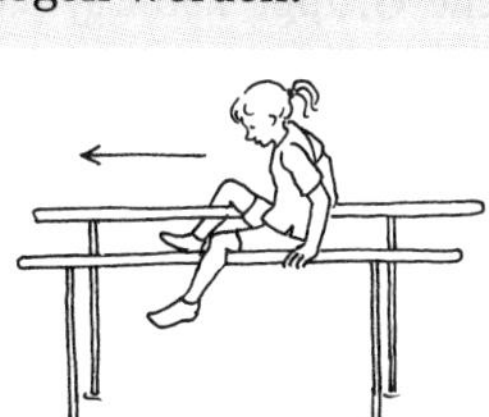

→ Mit den Händen am anderen Holm

→ Kopfüber mit den Händen am Boden stützelnd

- Im Sitz quer zu den Holmen die Holmengasse durchqueren (s. Abb.)
- Die Holmengasse auf allen Vieren durchqueren

  → vorlings

  → rücklings
- Vor- und Rückschwingen, dann Kehre aus dem Innenquerstand in den Außenquerstand (1 x)

Mit dem Partner

- Zwei Partner stützen an je einem Barrenende mit Blick zueinander, stützeln aufeinander zu und versuchen, aneinander vorbei zu kommen, ohne dabei den Boden zu berühren.
- Zwei Partner durchqueren gemeinsam die Holmengasse: Partner A hängt sich gestreckt (Körperspannung, Daumen unten!) an den Barren, Partner B hält seine Füße. Rollenwechsel auf dem Rückweg.
- Spiegelbild: Zwei Partner turnen auf dem Barren:

  Partner A macht eine Übung vor, Partner B macht sie nach.

In der Gruppe

- Welche Gruppe kann synchron im Barren vor- und zurückschwingen?

Ausklang

Staffel

Der Erste der Gruppe turnt eine Kehre aus dem Innenquerstand in den Außenquersitz. Wenn der Erste sitzt, kriecht der Zweite unter dem Ersten durch und setzt sich vor ihn. Der Dritte kriecht unten durch usw. Die Gruppe, die als Erste im Außenquersitz auf dem Barren sitzt, hat gewonnen.

Grätsche über den Bock

Lernziele: Erlernen der Grätsche über den Bock
Gegenseitiges Leisten von Hilfestellung mit dem Klammergriff
Sich auf einen Partner einstellen

Gerätebedarf: Vier Böcke, vier Sprungbretter, vier Matten, vier Langbänke, vier Hütchen

Unterrichtsverlauf

Einstimmung

Geräteaufbau
Vier seitlich gestellte Böcke

Vorbereitende Übungen an der Langbank
Aufwärmen im Strom (die Kinder laufen hintereinander, ein Kind führt die Gruppe an):

- Laufen über die Langbänke
- Springen über die Langbänke
- Hockwenden über die Langbänke
- Grätschhüpfen mit Stütz der Hände

Hauptteil

Grätsche über den Bock
Die Kinder bilden vier gleich große Gruppen und sitzen hinter dem Hütchen ab.

„Wir müssen uns zuerst mit dem Gerät vertraut machen. Wir beginnen nicht gleich mit der Grätsche. Überlege, womit wir beginnen könnten."

- Federn mit Grätschen der Beine in die Luft, beidbeinige Landung auf dem Brett

Hinweise und Tipps

- Klare Aufgabenstellung! Wer transportiert was wie wohin? → Unfallverhütung!
- Hinweis: „Keiner überholt den anderen. Halte so viel Abstand zum Vordermann, dass du ihn und dich selbst nicht behinderst."
- Beide Hände liegen dabei flach auf der Bank auf.
- Füße im Wechsel auf Boden (grätschen) und Langbank (schließen).

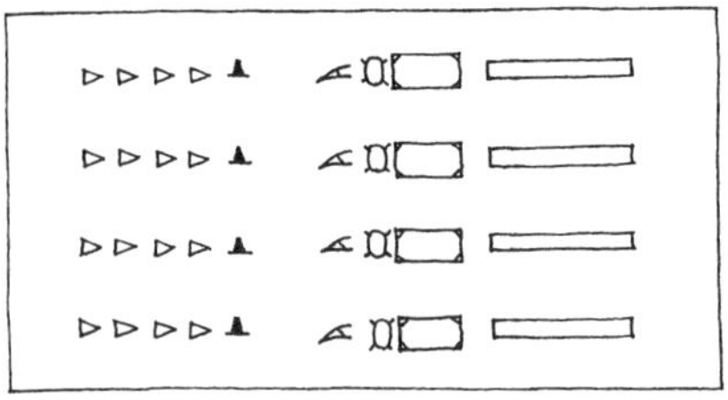

- Hinweis: „Achte auf die günstigste Absprungszone."

- Federn mit Aufsitzen auf dem Bock
- Aufsitzen auf dem Bock mit Anlauf
- Grätsche über den Bock

- Jede Übung wird von einem Kind demonstriert.
- Einzel- und Sammelkorrekturen

Nach einer gewissen Übungszeit erfolgt eine Differenzierung. Je nach Leistungsfähigkeit der Kinder wird
- das Sprungbrett weiter vom Bock entfernt.
- der Bock erhöht.
- der Bock lang gestellt.

- Erklärung und Demonstration der Hilfestellung: Klammergriff am Oberarm, der Helfer steht vor dem Gerät.

Synchronspringen
- Die Ersten zweier benachbarter Gruppen laufen auf Handzeichen gemeinsam los und führen den Sprung gleichzeitig aus.
- Synchronspringen am Bock mit anschließenden Hockwenden (ebenfalls synchron) an der Langbank.
- Synchronspringen am Bock mit anschließender Rolle vorwärts auf der Matte und Grätschspringen (ohne Stütz der Hände) auf der Langbank.
- Die Paare gestalten selbst synchron geturnte Bahnen, die sie nach einiger Übungszeit vorturnen dürfen.

- Hinweis: „Überlegt, auf welche Seite ihr die erste Hockwende springt."
- Evtl. anbieten, dass über den Bock keine Grätsche mehr geturnt werden muss.

Mögliche Übungsverbindungen:
- Grätsche über den Bock, Rolle rückwärts, balancieren rückwärts über die Langbank
- Grätsche über den Bock, Rad, Standwaage auf der Langbank

- Auch normfreie Übungen zulassen.

Ausklang

Die Paare führen ihre Ergebnisse vor.

- Würdigung aller Ergebnisse.
- Herausstellen der Originalität jedes Beitrags.

Gruppenturnen am Reck

Lernziele: Bewegungsformen am Reck ausführen, abwandeln und verbinden
Kraft, Geschicklichkeit, Gewandtheit
Sich auf einen oder mehrere Partner einstellen
In Gruppenarbeit eine Bewegungsfolge gestalten

Gerätebedarf: Vier Reckanlagen, acht Matten, vier Hütchen

Unterrichtsverlauf

Einstimmung

Geräteaufbau

Die Kinder bilden vier gleich große Gruppen und sitzen hinter dem Hütchen ab.

Synchrones Einlaufen

- Die Ersten jeder Gruppe laufen auf ein Handzeichen gemeinsam los, laufen im Hanglauf unter der Reckstange durch und stellen sich wieder hinten in der Gruppe an.
- Die ersten Zwei jeder Gruppe laufen gemeinsam.
- Die ersten Drei jeder Gruppe laufen gemeinsam.
- Die ersten Vier jeder Gruppe laufen gemeinsam.
- Wie oben, aber statt des Hanglaufens mit einer Rolle vorwärts auf der Matte unter der Reckstange.

Hauptteil

Synchronturnen am Reck

- Die Ersten jeder Gruppe laufen auf ein Handzeichen gemeinsam los und turnen gleichzeitig an ihrer Reckstation einen Felgabzug.

Hinweise und Tipps

- Klare Aufgabenstellung! Wer transportiert was wie wohin? → Unfallverhütung!
- Reckstangen in Brust- bis Schulterhöhe

- Hinweis: „Es geht nicht darum, der Schnellste zu sein, sondern dass alle auf gleicher Höhe laufen und gemeinsam ankommen."

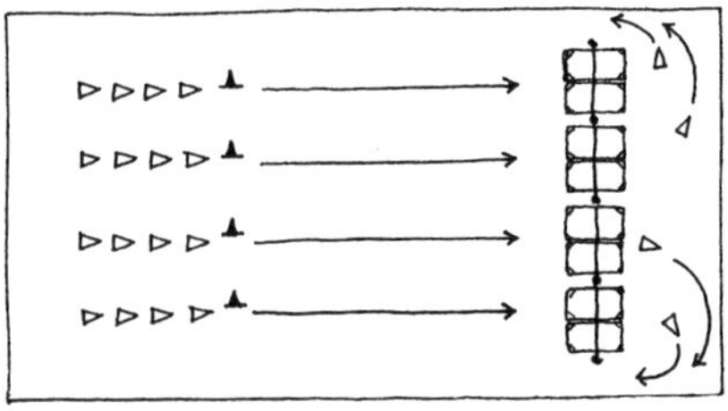

- Richtigen Rückweg demonstrieren lassen!

- Die ersten zwei jeder Gruppe laufen gemeinsam los und turnen gleichzeitig an ihrer Reckstation einen Felgabzug.
- Die ersten drei jeder Gruppe laufen gemeinsam los und turnen gleichzeitig an ihrer Reckstation einen Felgabzug.
- Die ersten vier jeder Gruppe laufen gemeinsam los und turnen gleichzeitig an ihrer Reckstation einen Felgabzug.
- Wie oben, aber nun springen die Turnenden gleichzeitig in den Stütz und führen einen Rückschwung und Niedersprung aus.
- Mit Sprung in den Stütz, Rückschwung und anschließender Unterschwung.
- Die Turnenden hängen sich mit den Knien ein und strecken die Arme seitlich aus.

Felgabzug

1 2 3

Gestalten in der Gruppe

Jede Gruppe überlegt sich Gestaltungsmöglichkeiten am Reck. Alle Kinder sollen nacheinander oder gleichzeitig am Reck turnen können. Nach einer Einstudierzeit von ca. zehn Minuten führt jede Gruppe ihre Kunststücke vor.

- Schuhe ausziehen!

Gemeinsames Einüben einer kleinen Vorführung, Aneinanderreihen verschiedener Elemente.

- Kurz vor Beendigung der Einstudierphase: „Noch drei Minuten.“

Mögliche Übungsformen:

Jede Gruppe führt ihr Ergebnis vor.

- Würdigung aller Ergebnisse
- Herausstellen der Originalität jedes Beitrags

Ausklang

Wir wiederholen noch einmal, was wir heute am Reck geturnt haben.

→ Synchronturnen zu viert, zu acht, zu zwölft, zu sechzehnt (Felgabzug etc.)

→ Die Gruppenergebnisse werden im Anschluss an das Synchronturnen nacheinander präsentiert.

Gespräch: Wie könnten wir das Ergebnis dieser Stunde noch weiterführen bzw. aufbauen, um es anderen vorzuführen?

Tipp:
Das Ergebnis dieser Stunde bietet eine ausbaufähige Grundlage für eine Aufführung in einem Schulkreis, bei einem Sommerfest o. Ä. Beispielsweise können Inlineskater, welche synchron unter den Reckstangen durchfahren oder im Slalom um die Aufbauten herumfahren, effektvoll eingesetzt werden. Auch Sprünge vom Minitrampolin über die Reckstangen lassen sich hervorragend mit einbauen. Mitreißende Musik und originelle Kleidung werten die Vorführung zusätzlich auf.

Springen am Minitrampolin

Lernziele: Verschiedene Fußsprünge am Minitrampolin kennen lernen und ausführen
Gewandtheit, Geschicklichkeit, Koordination
Sich auf einen Partner einstellen

Gerätebedarf: Zwei Minitrampolins, zwei Niedersprungmatten, zwei rutschhemmende Gummiunterlagen, zwei Hütchen

Gummimatten, welche auf Parkettböden unter Läufer gelegt werden, um das Wegrutschen des Läufers zu verhindern, sind kostengünstig zu erwerben und eignen sich hervorragend, um auch das Wegrutschen der Niedersprung- oder Weichbodenmatten beim Aufsprung zu verhindern. Das Verrutschen der Matten lässt sich auch durch einige übereinander gestapelte Matten hinter der Niedersprung- bzw. Weichbodenmatte reduzieren.

Unterrichtsverlauf

Einstimmung

Geräteaufbau

- Klare Aufgabenstellung! Wer transportiert was wie wohin? → Unfallverhütung!

Die Kinder bilden zwei gleich große Gruppen und sitzen hinter dem Hütchen ab.

Gewöhnung an das Gerät

Die Kinder federn einige Male auf dem Minitrampolin (ohne Anlauf) und springen danach in die Matte:

- mit geschlossenen Beinen.
- mit angehockten Beinen.
- mit gegrätschten Beinen.

- Hinweis: „Springe in der Mitte des Tuchs!“

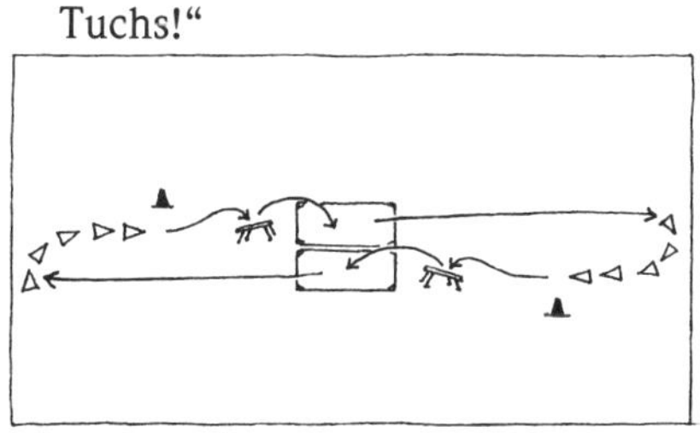

Hauptteil

Springen im Strom

Zunächst werden alle Sprünge demonstriert und geübt. Dann springen die Kinder in kurzen Abständen („im Strom“) hintereinander:

- Hinweis: „Halte nur so viel Abstand zu deinem Vordermann, dass du ihn nicht behinderst.
Verlasse nach dem Sprung so schnell wie möglich die Landestelle und laufe weiter!“

Hinweise und Tipps (Spaltenüberschrift)

- Strecksprung
- Hocksprung
- Grätschsprung
- Skisprung →

Synchronspringen

Die Kinder bilden zwei gleich große Gruppen und sitzen wieder hinter dem Hütchen ab.

Die ersten beiden jeder Gruppe laufen auf Handzeichen gemeinsam los und führen den Sprung gleichzeitig aus.

- Strecksprung
- Hocksprung
- Grätschsprung
- Skisprung

- Der Abstand zwischen Hütchen und Minitrampolin (Anlaufweg) muss bei beiden Sprunganlagen gleich sein.
- Hinweis: „Starte am Hütchen! Das Hütchen darf nicht verschoben werden!"
- Das Synchronspringen demonstrieren lassen.
  Besonders synchrone Leistungen herausstellen und würdigen.

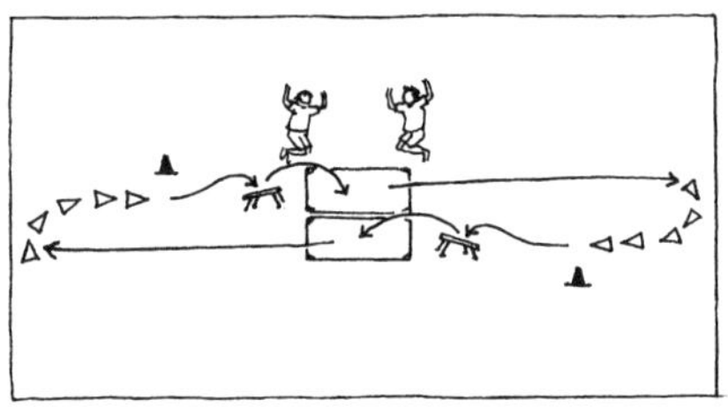

Ausklang

Wir wiederholen noch einmal, was wir heute am Minitrampolin geturnt haben.

→ Springen im Strom (Streck-, Hock-, Grätsch-, Skisprung)

→ Synchronspringen (Streck-, Hock-, Grätsch-, Skisprung)

Gespräch: Wie könnten wir das Ergebnis dieser Stunde noch weiterführen bzw. aufbauen, um es anderen vorzuführen?

Tipp:

Das Ergebnis dieser Stunde bietet eine ausbaufähige Grundlage für eine Aufführung in einem Schulkreis, bei einem Sommerfest o. Ä. Neben den hier angebotenen Übungen können auch einfache Sprünge über den Kasten (Aufhocken mit anschließendem Strecksprung, Hockwende etc.) effektvoll mit eingebracht werden.

Mitreißende Musik und originelle Themen (Clowns, Nikoläuse) werten die Vorführung zusätzlich auf.

Erlebnisturnen an der Bewegungsbaustelle

Lernziele: Finden und Erproben von verschiedenen Bewegungsmöglichkeiten
Erweitern der Bewegungserfahrungen
Geschicklichkeit und Koordination
Umsichtiges Verhalten an den Stationen

Gerätebedarf: Nach Bedarf der Kinder, Musik

Keine Angst vor dieser Stunde! Sie werden von der Kreativität der Schüler überrascht sein! Wer sich diese Stunde nicht sofort zutraut, kann die Kinder zunächst vom Lehrer auf Bildkarten vorgegebene Stationen aufbauen lassen (siehe Beispiele) und sie in einer späteren Stunde selbst experimentieren lassen.

Unterrichtsverlauf

Einstimmung

Die Kinder teilen sich selbstständig in Gruppen zu vier bis sechs Schülern ein. Die Kinder jeder Gruppe bauen eine Station nach ihren Vorstellungen auf. Sie dürfen dazu alle vorhandenen Geräte benutzen.

Jede Gruppe läuft nach Musik „im Strom" (hintereinander) um die aufgebauten Stationen herum. Bei Musik Stopp läuft der Hinterste nach Vorne, führt nun die Gruppe mit einer neuen Fortbewegungsform (z. B. Hüpfen, Armkreisen, Vierfüßlergang etc.) an.

Hauptteil

Turnen an den Stationen
Jede Gruppe beginnt an der von ihr gebauten Station.

Nach ca. fünf Minuten (Pfiff oder anderes Signal) lösen sich die Gruppen auf und jeder Schüler turnt, wo er will.

Didaktische Überlegungen

- Der Lehrer beobachtet und unterstützt gegebenenfalls den Gerätetransport und -aufbau.
- Überprüfen: Sind alle Stationen ausreichend durch Matten etc. abgesichert?

- Keiner berührt den anderen!

- Hinweis: Jede Gruppe erprobt zunächst die Bewegungsmöglichkeiten an der eigenen Station und überprüft, ob genügend Sicherheitsmaßnahmen (Matten etc.) getroffen wurden.

Die Kinder erproben die verschiedenen Stationen.

- Der Lehrer unterbindet zu gefährliche Übungen.
- Die Kinder helfen sich evtl. durch Handreichung.
- Kurze Besprechung bei auftretenden Gefahren oder sozialen Schwierigkeiten:
  Wie können wir uns gegenseitig helfen?
  Wie können wir Gefahren vermeiden?
  Wie können wir Streit vermeiden?

Mögliche Stationen:

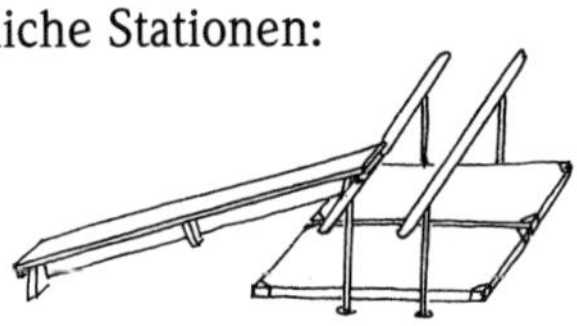

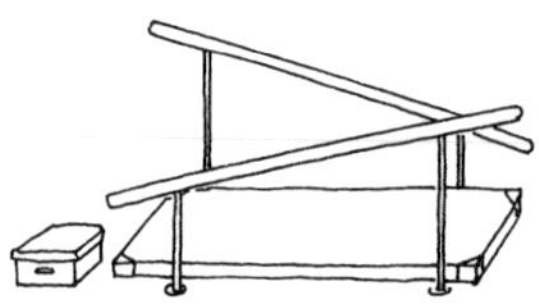

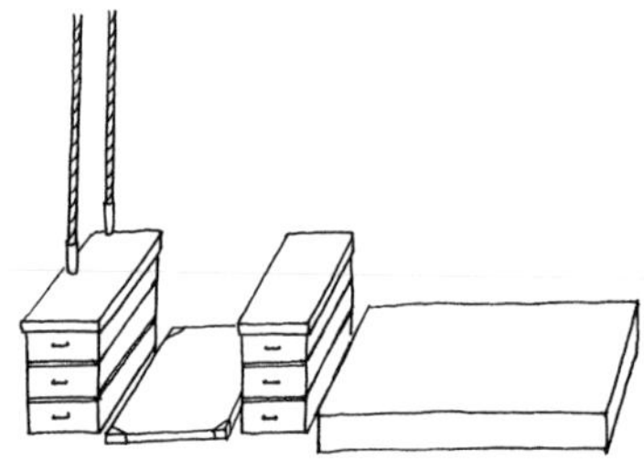

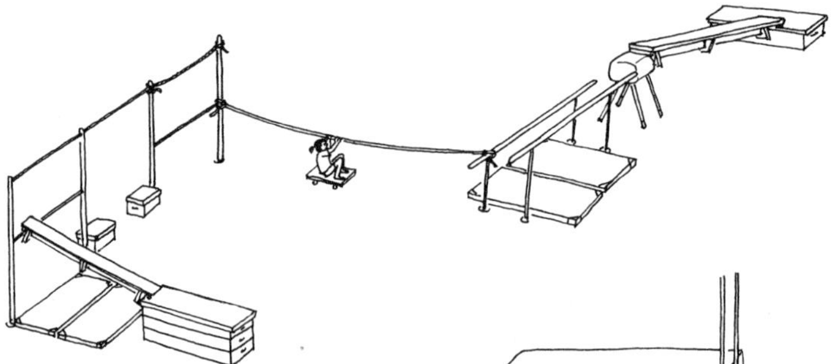

Ausklang

Jede Gruppe sammelt sich wieder an der erbauten Station und überlegt sich eine kurze Aufführung.

Die Gruppen demonstrieren ihre Ergebnisse.

- Würdigung aller Ergebnisse
- Herausstellen der Originalität jedes Beitrags

Jede Gruppe baut die eigene Station wieder ab.

- Der Lehrer überwacht den Gerätetransport und -abbau.

Turnen an einer Gerätebahn

Lernziele: Einfache turnerische Übungen erkunden, ausführen, abwandeln und verbinden
Kraft, Körperspannung, Gewandtheit
Sich auf einen Partner einstellen

Gerätebedarf: zwölf Matten, zwei Reckanlagen, Taue, zwei Kästen, zwei Böcke, zwei Sprungbretter, drei Langbänke

Diese Unterrichtseinheit bildet den Abschluss der Sequenz „Turnen an Geräten". Die hier aufgezeigten Übungen an den verschiedenen Geräten sollten den Kindern aus den vorangegangenen Stunden bereits bekannt sein.

Unterrichtsverlauf

Einstimmung

Geräteaufbau

Die Kinder bilden fünf gleich große Gruppen. Jede Gruppe baut anhand eines Planes eine Station auf und setzt sich dort hin.

Hinweise und Tipps

- Klare Aufgabenstellung! Wer transportiert was wie wohin? → Unfallverhütung!
- Reckstangen in Schulterhöhe

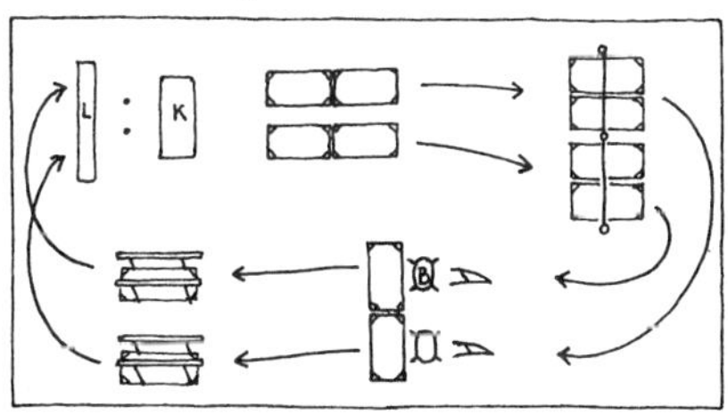

Hauptteil

Freies Turnen an der Gerätebahn
Die Schüler durchlaufen die Gerätebahn im Uhrzeigersinn und erkunden an den Stationen verschiedene Bewegungsmöglichkeiten.

- Hinweis: „Achte auf einen ausreichenden Abstand zu deinem Vordermann. Keiner überholt den anderen!"

Turnen an der Gerätebahn nach Vorgabe
Die Kinder durchlaufen die Gerätebahn im Uhrzeigersinn und führen folgende turnerischen Übungen aus:

Barren
Vor-, Rück- und Vorschwingen, Kehre in den Außenquersitz und Vorrutschen im Außenquersitz

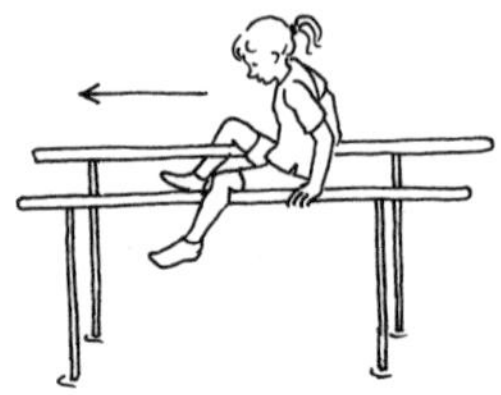

Taue
Von der Langbank zum Kasten schwingen, dort landen und zurückschwingen

Matten
Rolle vorwärts, Strecksprung mit halber Drehung,
Rolle rückwärts, Strecksprung mit halber Drehung

Reck
Sprung in den Stütz, Felgabzug

Bock
Grätsche über den quer gestellten Bock

- Evtl. Hilfestellung: Klammergriff am Oberarm

Synchronturnen an der Gerätebahn
Zwei Partner durchlaufen die Gerätebahn im Uhrzeigersinn und führen oben genannte turnerische Übungen synchron (gleichzeitig) aus.

- Hinweis: „Achte immer auf deinen Partner. Warte auf ihn, wenn er noch nicht bereit ist."

Ausklang

Die beiden Partner denken sich selbst Übungen zu den Stationen aus und durchlaufen den Parcours wieder synchron.

Übungen zur Verbesserung der Körperspannung

Lernziele: Einzelne Körperteile bewusst an- und entspannen
Gesamtkörperspannung einnehmen
Sich auf einen Partner einstellen und ihm vertrauen

Gerätebedarf: Zwei Weichbodenmatten, ggf. Matten

Unterrichtsverlauf

Einstimmung

Spiel: „Fische in den Teich!"

Zwei Fängerpaare („Fischer") laufen in Handfassung durch die Halle und versuchen per Abschlag „Fische" zu fangen. Abgeschlagene legen sich mit dem Rücken auf den Boden und werden von den „Fischern" unter den Achseln und Oberschenkeln gefasst, zum „Teich" transportiert und „hineingeworfen". Nach zehn Brustschwimmbewegungen ist der „Fisch" wieder frei.

→ Problemstellung/Zielangabe: „Manche ‚Fische' hingen ganz schön durch und waren schwer zu tragen: Wir müssen Spannung in unseren Körper bringen!"

Hinweise und Tipps

- Zwei Weichbodenmatten liegen in der Halle verteilt.
- Das richtige Transportieren vor Spielbeginn demonstrieren lassen!
- Hinweis: „Körperspannung der Fische während des Transports!"

Hauptteil

Körperspannung aufbauen

Die Kinder liegen in Rückenlage und versuchen sich von den Zehen bis zum Kiefer zu entspannen.

- Nach Anweisung des Lehrers spannen sie nacheinander bestimmte

Hinweise und Tipps

- Falls genügend Matten vorhanden sind, können sich die Schüler auf Matten legen.
- Als Hilfe gibt der Lehrer „Bilder", z. B.: „Bauch einziehen", „Po zusam-

Muskeln an, z. B.: den rechten Arm, Bauch, Po, linken Oberschenkel etc.

Die Kinder gehen paarweise zusammen:

- Der Partner tippt die Körperteile an, welche angespannt werden sollen („Strom rein – Spannung")

men zwicken", „Knie durchdrücken", „Zehen strecken" etc.

- Hinweis: „Atme gleichmäßig ein und aus."
- Ruhige und konzentrierte Arbeitsatmosphäre!

Durch Anspannen den Körper transportierbar machen

- Partner A liegt in Rückenlage, die Arme liegen seitlich am gespannten Körper an. Partner B hebt die Füße von A an. Der Po von A hebt sich bei ausreichender Körperspannung gleichzeitig mit den Fersen. B hält A einige Sekunden und legt ihn dann langsam wieder ab.

- Hinweis auf anatomisch richtiges Heben: „Gehe in die Knie und lasse deinen Rücken beim Heben gerade!"
- Jede Übung demonstrieren lassen!

- Partner A in gespannter Liegestütz-Stellung. B hebt A an den Füßen hoch.
- Partner A in gespannter Liegestütz-Stellung. B hebt A an den Füßen hoch. B lässt abwechselnd das rechte oder linke Bein los, A versucht, die Körperspannung beizubehalten, damit das Bein oben bleibt.

- Hinweis: „Spanne beim Liegestütz deinen Bauch an, damit du nicht ins Hohlkreuz fällst!"

Die Kinder gehen zu dritt zusammen:

- „Pendel": A und C stehen in Schrittstellung gegenüber, B wird im Körperszusammenschluss (absolut steif, Arme angelegt) zwischen A und C hin und her gependelt.
  → Die Abstände allmählich vergrößern.
  → B schließt die Augen.

Jeweils zwei Dreiergruppen schließen sich zu Sechsergruppen zusammen:

- „Stehaufmännchen“:

Die Gruppe bildet einen Kreis. Ein in der Mitte stehendes „Stehaufmännchen“ kippt nach allen Seiten.

Die Kinder bilden Vierergruppen:

- „Adler“: Der „Adler“ liegt gespannt in Bauchlage, Arme seitlich. Er wird von den anderen an Schultern und Fußgelenken angehoben und durch den „Raum“ geflogen.

- Hinweis: „Den Adler“ vorsichtig wieder ablegen!“

Ausklang

Spiel „Taxi“

Eine oder mehrere Vierer-Gruppen sind „Taxis“. „Fahrgäste“ in der Halle rufen nach dem „Taxi“. Der „Fahrgast“ nimmt eine gespannte Stellung ein (Arme als „Henkel“) und wird an den gewünschten Ort transportiert (z. B. Eine bestimmte Hallenecke ist der „Park“, das „Kino”, das „Café“ etc.)

Akrobatik mit dem Partner

Lernziele: Sich auf einen Partner einstellen und ihm vertrauen
Akrobatische Übungen ausführen und verbinden
Gleichgewicht und Geschicklichkeit

Gerätebedarf: Je Paar eine Matte

Unterrichtsverlauf

Einstimmung

Übungen zum Aufwärmen

- Die Partner stehen einander gegenüber und fassen sich an den Händen. Bei gestreckten Armen (und einem nach vorne gestreckten Bein) versuchen sie, sich gleichzeitig zu setzen und wieder aufzustehen.
- „Fahrstuhl": Die Partner stehen Rücken an Rücken und haken sich mit den Armen ein. Gemeinsames Setzen und Aufstehen.
  → Auch ohne Einhaken (Rücken gegeneinander drücken)
- Partnerstandwaage
  Die Partner stehen auf einem Bein einander gegenüber und fassen sich an den Händen.
- „Füßeln"
  Die beiden Partner sitzen im Schwebesitz und stellen ihre Füße gegeneinander, ohne sich mit den Händen abzustützen.
- „Vase"
  Die Partner fassen sich gegenseitig am Unterarm und fallen bei geschlossener Fußstellung von einander weg.

Hinweise und Tipps

- Die Partner sollen in etwa die gleiche Größe und das gleiche Gewicht haben.

Hauptteil

Jedes Paar holt sich eine Matte und sucht sich einen Platz in der Halle.

- Bewegungsaufgabe: „Über den Partner hinwegturnen“ (siehe beide Abb. rechts). Die Kinder erproben verschiedene Möglichkeiten des übereinander Hinwegturnens.
- Der Lehrer greift einige Formen auf, lässt diese demonstrieren, die anderen Kinder machen sie nach.
- Bewegungsaufgabe: „Unter dem Partner hindurchturnen“
  Die Kinder erproben verschiedene Möglichkeiten des untereinander Hindurchturnens.
- Der Lehrer greift einige Formen auf, lässt diese demonstrieren, die anderen Kinder machen sie nach.

Statische Übungen

- Auf die „Bank“ aufsteigen

- Auf die „Bank“ aufknien

- Liegestütz auf die „Bank“

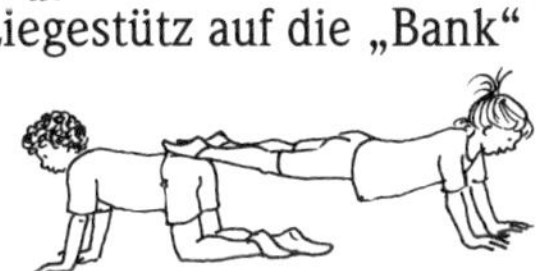

- „Waage“

Ausklang

Spiel: „Gordischer Knoten“
siehe S. 6

Beispiele:

Evtl. Dreiergruppen, der Dritte fungiert als Hilfestellung für den Aufsteigenden.

- Hinweis: „Steige auf den Po, nicht auf den Rücken.“
- Hinweis: „Steige langsam wieder herunter, springe nicht ab!“

Akrobatik in der Gruppe

Lernziele: Sich auf mehrere Partner einstellen und ihnen vertrauen
Akrobatische Übungen ausführen und miteinander verbinden
Akrobatische Übungen erfinden

Gerätebedarf: Matten, Bildkarten (siehe S. 120)

Unterrichtsverlauf

Einstimmung

Gespräch über die Sicherheitsaspekte beim akrobatischen Turnen

Hauptteil

Dynamische Übungen

Die Kinder bilden Vierergruppen. Jede Gruppe holt sich zwei Matten und legt diese der Länge nach hintereinander in der Halle aus.

- Bewegungsaufgabe: „Übereinander hinwegturnen" (siehe Abb. rechts)
  Die Kinder erproben verschiedene Möglichkeiten des übereinander Hinwegturnens.
- Jede Gruppe demonstriert ihre Kunststücke.
- Bewegungsaufgabe: „Untereinander hindurchturnen"
  Die Kinder erproben verschiedene Möglichkeiten des untereinander Hindurchturnens.

Hinweise und Tipps

Sicherheitsaspekte beim akrobatischen Turnen:

- Keine rutschige oder weite Kleidung tragen
- ABS-Socken oder leichte Gymnastikschuhe anziehen
- Absicherung mit Matten
- Ruhige Arbeitsatmosphäre
- Absteigen, nicht abspringen
- Anatomisch richtiges Heben und Tragen (gerader Rücken, nah am Körper)
- Belastbare Bereiche sind: Becken, Schultern, Beine/Füße. Die Wirbelsäule ist tabu!

- Falls nicht genügend Matten vorhanden sind, kann auch auf Weichboden- oder Niedersprungmatten geturnt werden.

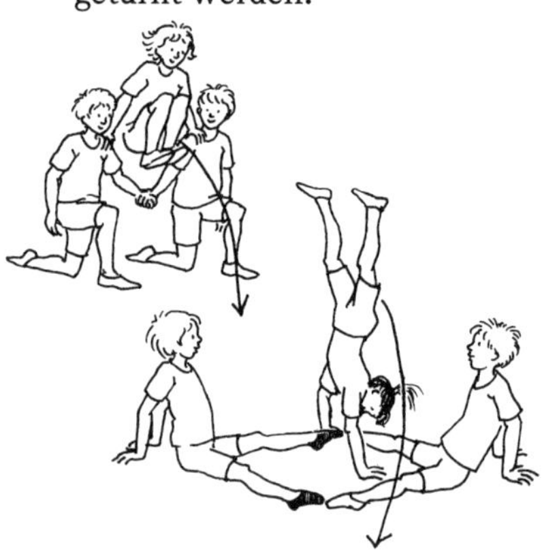

- Jede Gruppe demonstriert ihre Kunststücke.
- Jede Gruppe stellt eine kleine Übungsfolge zusammen, in der Elemente aus beiden Bewegungsaufgaben vorkommen.
- Demonstration der Übungsfolge

- Würdigung aller Ergebnisse
- Herausstellen der Originalität jedes Beitrags

Statische Übungen

Die Matten bilden nun ein Rechteck.

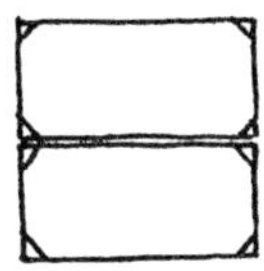

Auf einer Langbank liegen Bildkarten mit akrobatischen Übungen (s. Kopiervorlage S. 120). Jede Gruppe wählt eine Karte, führt die Übung aus, legt die Karte zurück und nimmt sich eine neue Karte.

- Der Vierte in der Gruppe dient als Hilfestellung für Aufsteigende. Die Kinder wechseln sich selbstständig ab.

Ausklang

Die Gruppen erfinden selbst akrobatische Kunststücke.
Jede Gruppe demonstriert ihre akrobatischen Kunststücke.

- Würdigung aller Ergebnisse
- Herausstellen der Originalität jedes Beitrags

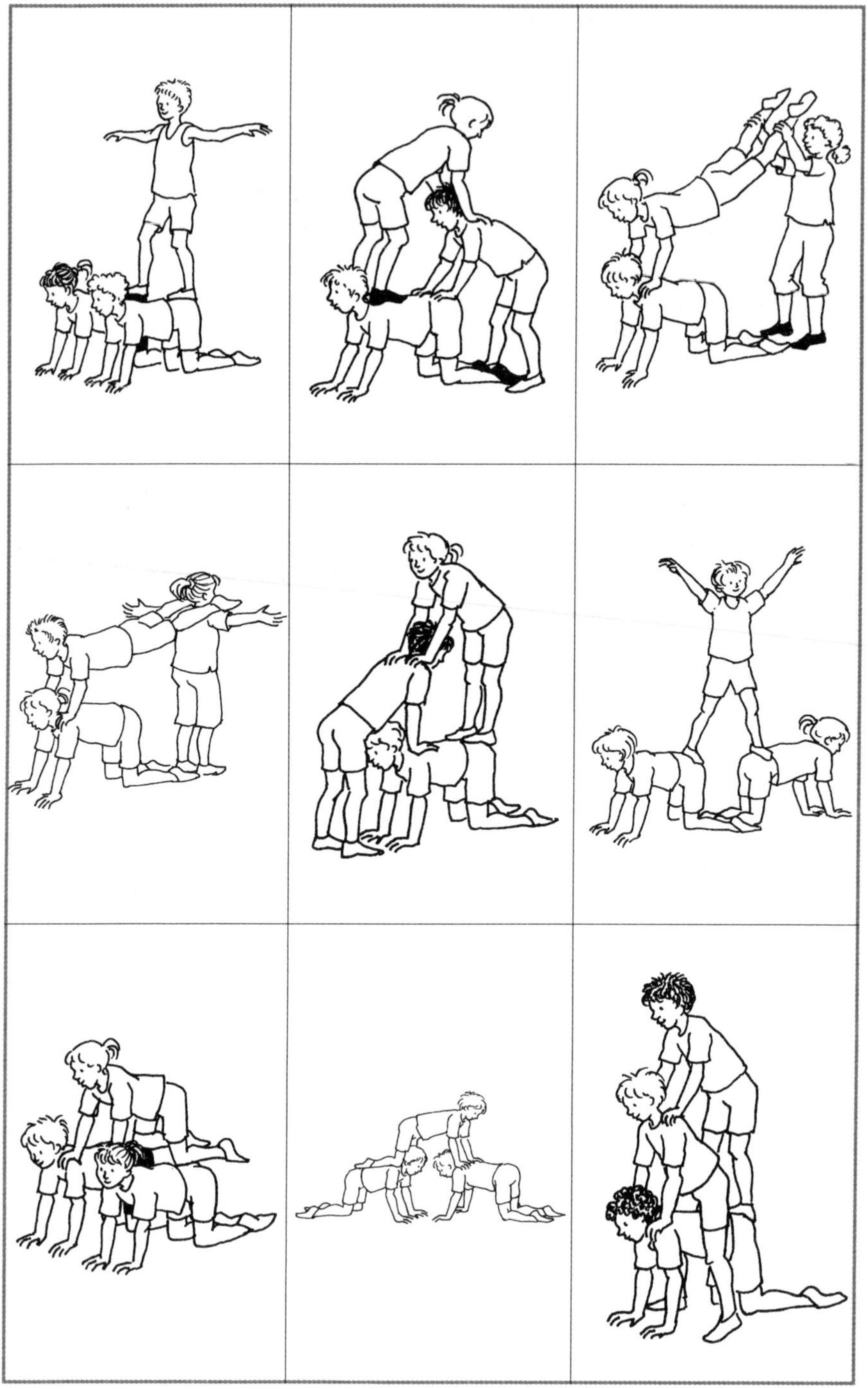

Jonglieren mit Tüchern I – Jonglier-Kaskade mit einem Tuch

Lernziele: Gewöhnung an das Tuch, Sammeln vielfältiger Erfahrungen
Verbessern der Wurf- und Fangfähigkeit
Steigerung von Geschicklichkeit und Koordination

Gerätebedarf: Ein Jongliertuch je Schüler, Laufmusik

Unterrichtsverlauf

Einstimmung

Die Kinder laufen mit dem Tuch zur Musik frei in der Halle.

- Während des Laufens probieren sie mit dem Tuch kleine Kunststücke aus.
- Sie tauschen mit jedem Schüler, den sie treffen, das Tuch.
- Die Kinder laufen als Fahne: Das Tuch wird mit beiden Händen über dem Kopf gehalten.
  Bei Musik-Stopp lassen sie die Fahne los und versuchen diese zu fangen, bevor sie den Boden berührt.
- Die Schüler laufen als Gespenst: Das Tuch hängt über dem Kopf.
  Bei Musik-Stopp versuchen sie das Tuch hochzublasen.
- Das Tuch wird ausgebreitet auf die Brust gelegt und bleibt durch die Laufgeschwindigkeit dort „kleben“.
  Wer schafft es am längsten?

Hinweise und Tipps

Weitere Möglichkeiten des spielerischen Umgangs mit dem Tuch:

- Spiel: „Fischer, welche Fahne weht heute?“
- Staffeln
- „Atomspiel“: Schüler mit gleicher Tuchfarbe finden sich bei Musik-Stopp zusammen.
- Kleine Tänze

Hauptteil

Jonglieren mit einem Tuch

- Das Tuch mit der rechten Hand hochwerfen und mit der rechten Hand wieder fangen (und umgekehrt).

- Das Tuch mit der rechten Hand hochwerfen und mit der linken Hand wieder fangen (u. u.) = Kaskade mit einem Tuch.

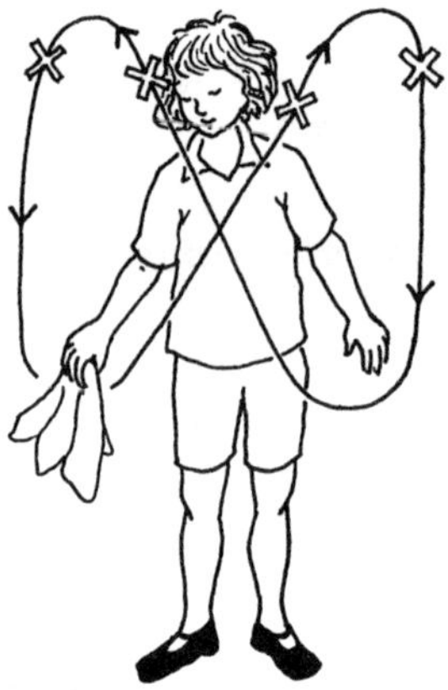

- Fehler: Kinder halten das Tuch häufig an einem Ende, dadurch lässt es sich schwerer wegwerfen.
  → Hinweis: „Halte das Tuch in der Mitte fest, wie ein Gespenst."

- Fehler: Die Schüler wollen das Tuch mit nach oben geöffneten Handflächen fangen (wie einen Ball).
  → Hinweis: „Kralle das Tuch von oben nach unten wie ein Löwe!"

Kaskade kombiniert mit Kunststücken

- Das Tuch rechts hochwerfen, klatschen (so oft wie möglich), links fangen (u. u.)
- Das Tuch rechts hochwerfen, Drehung um die eigene Achse, links fangen (u. u.)
- Abwechselnd das Tuch unter dem rechten und linken Bein hochwerfen
- Werfen, nacheinander Nase, Schulter, Bauch berühren, fangen
- Die Kinder erfinden selbst Kunststücke.

Das Charakteristikum der **Kaskade** ist, dass das geworfene Tuch mit der **anderen** Hand gefangen wird.
Dies ist für den weiteren Lernerfolg von entscheidender Bedeutung.

- Darauf achten, dass auch mit der schwächeren Hand (beim Rechtshänder die linke Hand) begonnen wird → beidseitig üben!

- Reihenkunststück: Je fünf Schüler bilden eine Gruppe. Der erste Schüler macht ein Kunststück vor, alle anderen machen es nach. Der Zweite der Gruppe demonstriert eine Bewegung, alle wiederholen nacheinander die erste und die zweite Übung. Das Spiel ist beendet, wenn jeder der Gruppe eine Übung vorgemacht hat.
- Vorstellen aller Gruppenkunststücke

- Zwei Durchgänge demonstrieren lassen
- Musik (z. B. Zirkusmusik) belebt die Vorführung.

Ausklang

Fangspiel: „Fuchsjagd“
Jedes Kind steckt sein Jongliertuch in die Hose, sodass etwa zwei Drittel des Tuches noch heraushängen. Nun versucht jeder Schüler, so viele Tücher wie möglich zu erbeuten, ohne jedoch dabei sein eigenes zu verlieren. Wer das eigene Tuch verloren hat, scheidet aus. Sieger ist das Kind, das am Ende im Besitz der meisten Tücher ist.

Jonglieren mit Tüchern II –
Die Zweier- und Dreierkaskade

Lernziele: Jonglieren mit zwei und drei Tüchern
Sehen und Verstehen des Kaskademusters
Konzentration, Koordination, Geschicklichkeit

Gerätebedarf: Drei Jongliertücher je Kind, Musik, Plakat, Urkunden

Unterrichtsverlauf

Einstimmung

Jonglieren mit zwei Tüchern

- Die Schüler halten in jeder Hand ein Tuch.
  Gleichzeitig hochwerfen und jedes Tuch mit der gleichen Hand fangen.
- Wie oben, mit verschiedenen Kunststücken:
  - In die Hände klatschen
  - Vor dem Fangen eine Drehung ausführen
  - Am Boden absitzen
- Die Kinder erfinden weitere Kunststücke.

Hinweise und Tipps

- Wiederholung:
  „Halte das Tuch in der Mitte fest, wie ein Gespenst.“

„Kralle das Tuch beim Fangen von oben nach unten wie ein Löwe.“
(→ siehe Jonglieren I)

- Beide Tücher kurz nacheinander hochwerfen:
  Die Tücher werden nacheinander diagonal vor dem Körper hochgeworfen: Das mit rechts geworfene Tuch wird links gefangen u. u. = <u>Zweierkaskade</u>

- Das zeitlich versetzte Hochwerfen und Fangen verbalisieren: „Werfen, Werfen, Fangen, Fangen.“
- Hinweis: „Die Arme beschreiben ein X.“
  → Demonstration der Wurfbewegung ohne Abwurf

Das Charakteristikum der **Kaskade** ist, dass das geworfene Tuch mit der **anderen** Hand gefangen wird. Dies ist für den weiteren Lernerfolg von entscheidender Bedeutung.

- Mit verschiedenen Kunststücken (s. o.)
- Partnerübung: Die beiden Partner stehen Schulter an Schulter nebeneinander, halten jeweils in der äußeren Hand das Tuch und werfen sich nacheinander das Tuch zu (Seite wechseln).

- Darauf achten, dass auch mit der schwächeren Hand (beim Rechtshänder die linke Hand) begonnen wird → beidseitig üben!
- Klassischer Anfängerfehler bei der Zweierkaskade: Die Kinder werfen nicht überkreuz, sondern „übergeben", d. h. sie werfen z. B. nur mit rechts und geben das mit der linken Hand gefangene Tuch in die rechte Hand weiter.
  → Hilfestellung: „Beginne mit dem roten Tuch in der rechten Hand und mit dem grünen Tuch in der linken Hand. Kontrolliere, ob nach dem Werfen die Farben gewechselt haben!"
  → Bei Schwierigkeiten: Werfen ohne Fangen (Werfen, werfen, fallen lassen, fallen lassen)
  → Bei extremen Schwierigkeiten: Der Lehrer hält die Hand des Kindes fest, die immer wirft.

Jonglieren mit drei Tüchern

- Mit zwei Tüchern jonglieren und dabei das dritte Tuch in der Hand festhalten, die mit dem Werfen beginnt („starke" Hand).
- Die drei Tücher nacheinander werfen und fallen lassen.
- Die drei Tücher nacheinander werfen und die beiden zuerst geworfenen Tücher wieder fangen, das zuletzt geworfene Tuch fallen lassen.
- Nun auch das dritte Tuch fangen.
- Fortlaufend jonglieren („rechts, links, rechts, links etc).

- Erst das dritte Tuch dazunehmen, wenn die Zweierkaskade sicher beherrscht wird!
- Das Nacheinander verbalisieren, z. B. „Rechts, links, rechts."

Tuchhaltung:

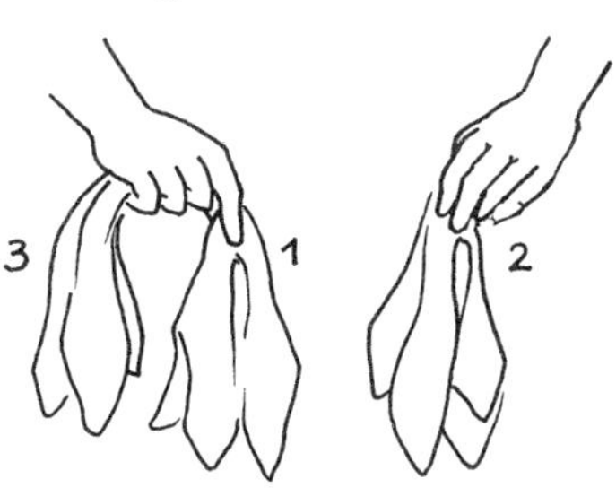

Die Dreierkaskade

- Jonglieren im Rhythmus der Musik
- Hoch oder tief, langsam oder schnell jonglieren

Zur Motivation:
Kinder, die mit drei Tüchern (auch bereits bei zwei Tüchern möglich) jonglieren können, dürfen sich in ein „Jonglier-Klassenplakat" eintragen. *(Ich kann mit zwei (bzw. drei) Tüchern jonglieren: Susanne, Markus ...)* Sie müssen natürlich vorher die „Meisterprüfung" beim Lehrer ablegen!

Schüler, welche die „Meisterprüfung" bestanden haben, erhalten eine Urkunde (s. Kopiervorlage S. 127).

- Rhythmisierung und Motivation: Wenn die ersten Kinder die Dreierkaskade beherrschen, im Kreis demonstrieren lassen.
  Würdigung aller Ergebnisse, Herausstellen gelungender Ausführungen

- Wenn Schüler mit der Koordination der drei Tücher überfordert sind, sollten diese nochmal die Zweierkaskade üben.

- Jonglieren ist als Zusatzübung in vielen Sportstunden einsetzbar. Es ist besonders geeignet, um Wartezeiten, z. B. beim Geräteturnen, sinnvoll zu gestalten.
- Jonglieren mit Tüchern ist auch im Klassenzimmer möglich (Rhythmisierung während des Unterrichts, Hauspause etc.).
- Nicht im Freien: Der leiseste Windhauch bläst die Tücher davon.

URKUNDE

Hiermit wird bescheinigt, dass

....

das Jonglieren mit drei Tüchern gelernt hat und berechtigt ist, diesen Spaß im ganzen bekannten Universum zu verbreiten.

Kreatives Gestalten mit dem Ball I – Werfen und Fangen

Lernziele: Gymnastische Bewegungsformen mit dem Ball erkunden, ausführen, abwandeln und verbinden
Sich auf einen Partner einstellen
In Gruppenarbeit eine kleine Choreografie erstellen

Gerätebedarf: Gymnastikbälle, Musik, drei Hütchen

Unterrichtsverlauf

Einstimmung

Freie kreative Phase
Die Kinder bewegen sich frei in der Halle und experimentieren mit dem Ball.

Hinweise und Tipps

- Hinweis: „Keiner berührt den anderen."
- Hinweis: „Dies ist kein Fuß- oder Basketball.
  Überlege, was man mit einem *Gymnastikball* macht." (Evtl. Verweis auf rhythmische Sportgymnastik)
  → Zielgerichtetes Experimentieren

Hauptteil

Sammeln der Ergebnisse:
Man kann den Gymnastikball werfen, fangen, prellen und rollen. Heute üben wir das Werfen und Fangen.
Demonstration der verschiedenen Elemente durch Schüler bzw. den Lehrer.
Nachmachen und Üben der Elemente.

Werfen und Fangen am Ort

- Den Ball hochwerfen und wieder fangen
- Den Ball hochwerfen, eine ganze Drehung ausführen und wieder fangen

- Den Ball hochwerfen, einen Schrittsprung ausführen und wieder fangen
- Alle Beispiele wie oben, aber den Ball vor dem Fangen einmal am Boden aufprellen lassen.
- Kunststücke, z. B. den Ball hinter dem Rücken fangen
- Mit einem Partner üben
- Spiegelbild: Zwei Kinder stehen sich gegenüber, der eine Partner macht etwas vor, der andere macht es nach.

Werfen und Fangen in der Fortbewegung

Zwei Kinder laufen gemeinsam los und

- werfen während des Laufens den Ball mehrere Male so, dass sie ihn wieder fangen können.
- werfen den Ball an der Mittellinie zum Partner.
- werfen den Ball an der Mittellinie hoch, führen einen Schrittsprung aus und fangen ihn wieder.
- erfinden selbst weitere Möglichkeiten.

- Hinweis: „Laufe mit deinem Partner bis zum Hütchen!" → Ausnutzung der Hallenlänge, Reduzierung der Wartezeit auf ein Minimum.
- Die beiden Partner laufen auf gleicher Höhe.

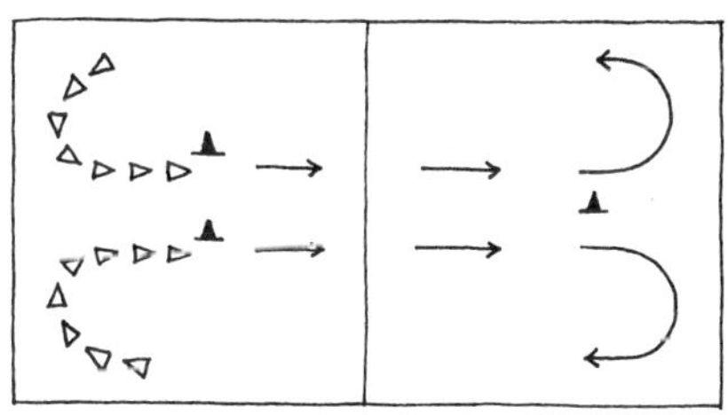

Gestaltung

Gemeinsames Einüben einer kleinen Choreografie, Aneinanderreihen verschiedener Elemente, z. B. (Kreisaufstellung):

- Viermal hochwerfen und fangen
- Zwei Schritte vor, bei jedem Schritt hochwerfen und fangen
  Zwei Schritte zurück mit Werfen und Fangen
- Zweimal hochwerfen und fangen mit ganzer Drehung
- Den Ball im Uhrzeigersinn dem linken Nachbarn zuwerfen

Einstudieren von kleinen Choreografien in Gruppenarbeit

- Wenn die Kinder mit dem kreativen Gestalten in der Gruppe vertraut sind, kann dieser Teil übersprungen und gleich mit der Gruppenchoreografie weitergemacht werden.

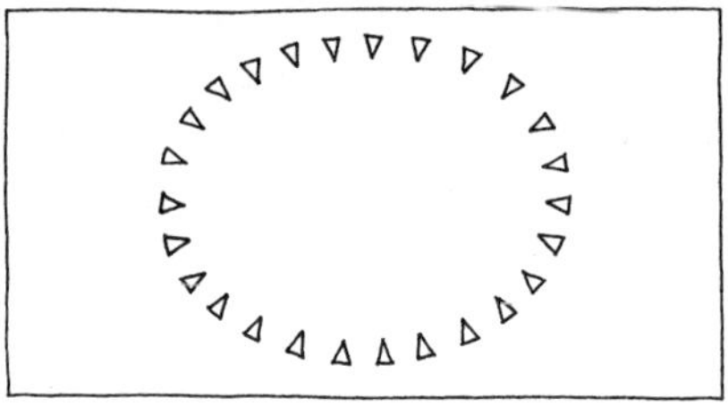

- Die Kinder ordnen sich selbst den Gruppen zu, der Lehrer gibt keine bestimmte Gruppengröße vor.
- Kurz vor Beendigung der Einstudierphase: „Noch drei Minuten."

Ausklang

Ergebnispräsentation

Jeweils zwei oder drei Gruppen führen ihre Ergebnisse gleichzeitig vor.

- Würdigung aller Ergebnisse
- Herausstellen der Originalität jedes Beitrags

Kreatives Gestalten mit dem Ball II – Rollen und Prellen

Lernziele: Gymnastische Bewegungsformen mit dem Ball erkunden, ausführen, abwandeln und verbinden
Sich auf einen Partner einstellen
In Gruppenarbeit eine kleine Choreografie erstellen

Gerätebedarf: Gymnastikbälle, Musik, drei Hütchen

Unterrichtsverlauf

Einstimmung

„Das letzte Mal haben wir uns mit dem Werfen und Fangen beschäftigt. Heute üben wir das Rollen und Prellen.
Überlege, wie du den Gymnastikball rollen und prellen kannst!“

Freie kreative Phase
Die Kinder bewegen sich mit dem Ball frei in der Halle und erproben Möglichkeiten des Rollens und Prellens.

Hauptteil

Sammeln der Ergebnisse

Demonstration der verschiedenen Elemente durch Schüler bzw. den Lehrer
Nachmachen und Üben der Elemente

Rollen des Balles am Boden

- Den Ball am Boden rollen und wieder aufnehmen.
- Den Ball am Boden rollen, daneben einen Schrittsprung ausführen und wieder aufnehmen.
- Kunststücke, z. B. den Ball rollen, daneben ein Rad turnen und den Ball wieder aufnehmen.

Hinweise und Tipps

- Hinweis: „Keiner berührt den anderen.“
- Zielgerichtetes Experimentieren!

Technik des Rollens:
Der Ball soll beim Rollen nicht hüpfen, sondern gleichmäßig Bodenkontakt behalten.

- Den Ball in Gassenaufstellung zum Partner rollen.
  Jedes Paar wählt den Abstand individuell.

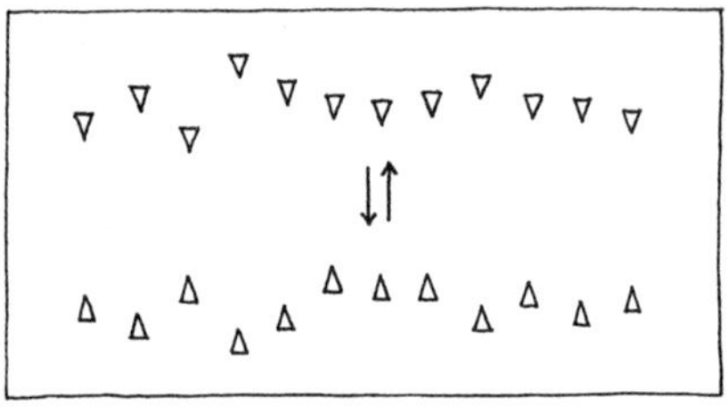

Rollen des Balles am Körper

- Von den Fußspitzen (Beine gestreckt und geschlossen) in den Schoß zurück (sitzend).
- Von der rechten in die linke Hand (Arme seitlich ausgestreckt) und zurück.
- Spiegelbildspiel zum Rollen des Balles am Boden und am Körper: Zwei Kinder stehen sich gegenüber, das eine macht etwas vor, das andere macht es nach.

Prellen des Balles am Ort

- Mit der rechten/linken Hand, beidhändig
- Mit Handwechsel
- Vor, hinter und neben dem Körper
- Von der rechten in die linke Hand durch ein nach vorne gestrecktes Bein hindurch
- Die Kinder erfinden selbst weitere Möglichkeiten.

Prellen des Balles in der Fortbewegung

Zwei Kinder laufen gemeinsam los und

- prellen während des Laufens den Ball gleichzeitig mehrere Male. (Signal: „Und hopp …“ o. Ä.)
- führen während des Prellens an der Mittellinie einen Schrittsprung aus.
- erfinden selbst weitere Möglichkeiten.

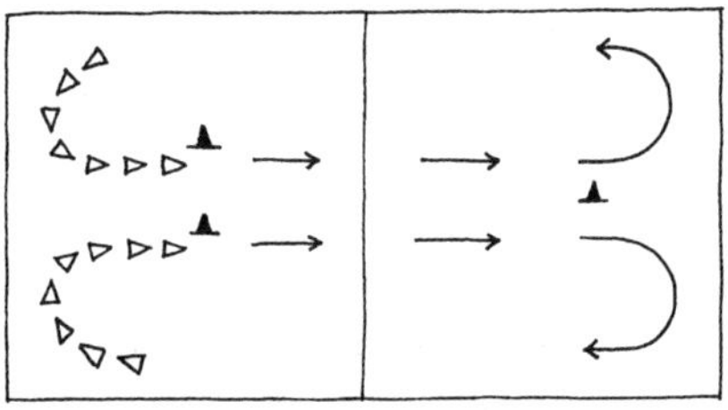

- Hinweis: „Laufe mit deinem Partner bis zum Hütchen!“ → Ausnutzung der Hallenlänge, Reduzierung der Wartezeit auf ein Minimum.
- Die beiden Partner laufen auf gleicher Höhe.

Gestaltung

Einstudieren von kleinen Choreografien in Gruppenarbeit:
Aneinanderreihen der Elemente aus dieser und der vorangegangenen Stunde → Werfen, fangen, rollen und prellen.

- Die Kinder ordnen sich selbst den Gruppen zu, der Lehrer gibt keine bestimmte Gruppengröße vor.
- Kurz vor Beendigung der Einstudierphase: „Noch drei Minuten."

Ausklang

Ergebnispräsentation

Jeweils zwei oder drei Gruppen führen ihre Ergebnisse gleichzeitig vor.

- Würdigung aller Ergebnisse
- Herausstellen der Originalität jedes Beitrags

Kreatives Gestalten mit dem Band

Lernziele: Gymnastische Bewegungsformen mit dem Band erkunden, ausführen, abwandeln und verbinden
Sich auf einen Partner einstellen
In Gruppenarbeit eine kleine Choreografie erstellen

Gerätebedarf: Gymnastikbänder, Musik, Hütchen

Unterrichtsverlauf

Einstimmung

Freie kreative Phase

Die Kinder laufen frei in der Halle umher und experimentieren mit dem Band.

Hauptteil

Demonstration der verschiedenen Elemente durch Schüler bzw. den Lehrer; Nachmachen und Üben der Elemente.

Schwünge, Achterschwünge, Kreise

- In vertikaler, horizontaler, diagonaler Ebene

Schlangen

- Am Boden
- In Brusthöhe
- Über Kopfhöhe
- Vor, seitlich, hinter dem Körper

Hinweise und Tipps

- Hinweis: „Keiner berührt den anderen.“

Zur Handhabung des Bandes:

- Das Band darf sich nicht verknoten (geschieht bei mangelnder Bewegungsweite, wenn sich Teile des Bandes überkreuzen → Knoten immer sofort lösen!).
- Das Band soll nicht knallen (Folge ruckartiger Bewegungen).
- Das Band soll den Übenden nicht berühren und in keinem Augenblick ruhig auf dem Boden liegen.
- Die Zeichnung des Bandes wird durch mehr oder weniger schnelle Bewegungen des Stockes erreicht, was bei Schlangen ein besonders lockeres Handgelenk erfordert.

Spiralen

- In allen Ebenen
- Spiegelbild: Zwei Kinder stehen sich gegenüber, der eine Partner macht etwas vor, der andere macht es nach.

Laufen und Springen mit dem Partner in Verbindung mit verschiedenen Elementen

- Laufen, Schlange am Boden
- Laufen, Schlange über Kopfhöhe
- Laufen, Spirale neben dem Körper
- Springen durch einen Kreis vor dem Körper
- Die Kinder finden selbst weitere Möglichkeiten.

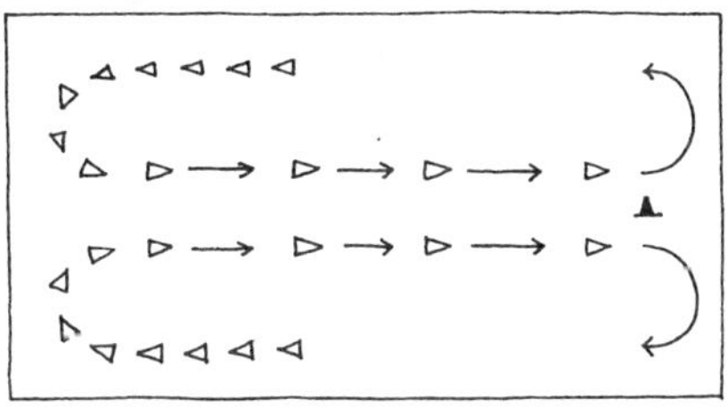

- Die beiden Partner laufen auf gleicher Höhe.
- Hinweis: „Laufe mit deinem Partner bis zum Hütchen!“ → Ausnutzung der Hallenlänge, Reduzierung der Wartezeit auf ein Minimum.

Gemeinsames Einüben einer kleinen Choreografie, Aneinanderreihen verschiedener Elemente

- Wenn die Kinder mit dem kreativen Gestalten in der Gruppe vertraut sind, kann dieser Teil übersprungen und gleich mit der Gruppenchoreografie weitergemacht werden.

Einstudieren von kleinen Choreografien in Gruppenarbeit

- Die Kinder ordnen sich selbst den Gruppen zu, der Lehrer gibt keine bestimmte Gruppengröße vor.
- Kurz vor Beendigung der Einstudierphase: „Noch drei Minuten.“

Ausklang

Ergebnispräsentation

Jeweils zwei oder drei Gruppen führen ihre Ergebnisse gleichzeitig vor.

- Würdigung aller Ergebnisse
- Herausstellen der Originalität jedes Beitrags

Kreatives Gestalten mit dem Reifen

Lernziele: Gymnastische Bewegungsformen mit dem Reifen erkunden, ausführen, abwandeln und verbinden
Sich auf einen Partner einstellen
In Gruppenarbeit eine kleine Choreografie erstellen

Gerätebedarf: Gymnastikreifen, Musik, drei Hütchen

Unterrichtsverlauf

Einstimmung

Freie kreative Phase

Die Kinder bewegen sich frei in der Halle und experimentieren mit dem Reifen.

Hinweise und Tipps

- Hinweis: „Keiner berührt den anderen."

Hauptteil

Sammeln der Ergebnisse
Man kann Gymnastikreifen rollen, schwingen, werfen und fangen, zwirbeln und vieles mehr.

Demonstration der verschiedenen Elemente durch Schüler bzw. den Lehrer, Nachmachen und Üben der Elemente

Schwingen
- Den Reifen rechts (mit der rechten Hand) und links (mit der linken Hand) vom Körper vor- und zurückschwingen
- Den Reifen beidhändig vor dem Körper hin- und herschwingen

Werfen und Fangen
- Den Reifen hochwerfen und wieder fangen
- Den Reifen hochwerfen und mit der anderen Hand wieder fangen

Zwirbeln

- Den Reifen am Platz zwirbeln
- Den Reifen zwirbeln und um ihn herumlaufen
- Alle Reifen werden in der Halle verteilt gezwirbelt.
  Die Kinder bewegen sich frei dazwischen und sorgen dafür, dass kein Reifen zum Stillstand kommt und umfällt.

Rollen

- Den Reifen rollen und neben ihm herlaufen.
- Den Reifen rollen und daneben einen Schrittsprung ausführen.
- Während des Rollens durch den Reifen kriechen, ohne dass der Reifen zu Boden fällt oder berührt wird.
- Den Reifen so rollen, dass er wieder zurückkommt.
  → Den Reifen möglichst knapp über dem Boden mit Rückwärtsrotation vorwärts werfen.
- Spiegelbild: Zwei Kinder stehen sich gegenüber, der eine Partner macht eine Übung vor, der andere macht sie nach.

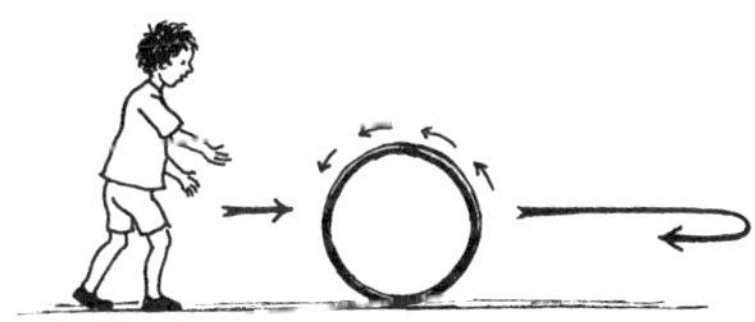

Kreisen um den Körper

- Den Reifen um die Hüfte kreisen lassen: „Hula-Hopp“
- Den Reifen um die Hand kreisen lassen
- Den Reifen um den Fuß kreisen lassen

Werfen und Fangen in der Fortbewegung

Zwei Kinder laufen gemeinsam los und

- werfen den Reifen auf ein gemeinsames Signal.

- Hinweis: „Laufe mit deinem Partner bis zum Hütchen!" → Ausnutzung der Hallenlänge, Reduzierung der Wartezeit auf ein Minimum.
- Die beiden Partner laufen auf gleicher Höhe.

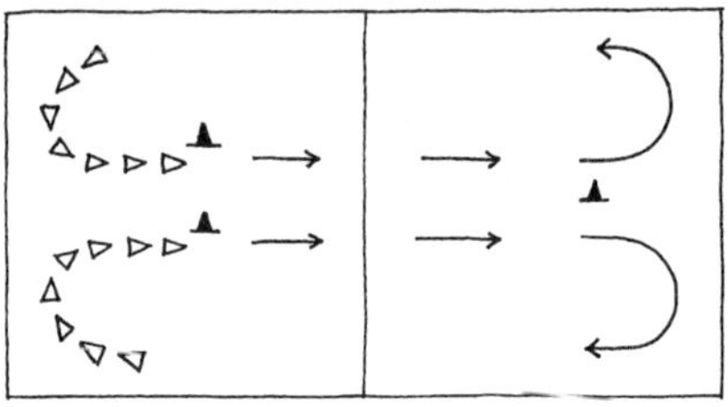

Gestaltung

Gemeinsames Einüben einer kleinen Choreografie, Aneinanderreihen verschiedener Elemente

z. B. (Kreisaufstellung):

- Viermal vor- und zurückschwingen (rechts, links, rechts, links)
- Zweimal hochwerfen und fangen
- Den Reifen zwirbeln und um ihn herumlaufen
- Vier Laufsprünge (wie beim Seilspringen) durch den Reifen

- Wenn die Kinder mit dem kreativen Gestalten in der Gruppe vertraut sind, kann dieser Teil übersprungen und gleich mit der Gruppenchoreografie weitergemacht werden.

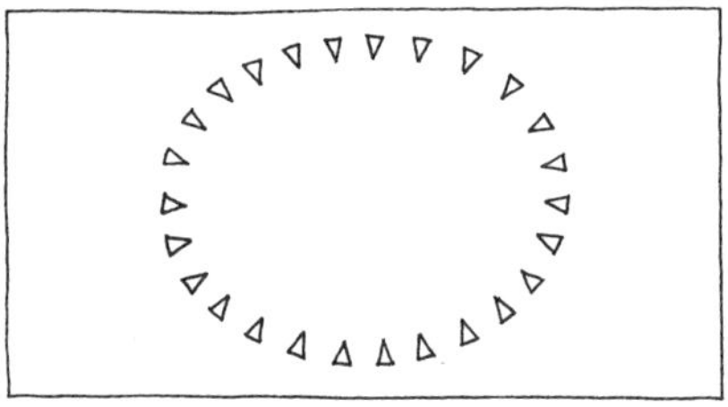

Einstudieren von kleinen Choreografien in Gruppenarbeit.

- Die Kinder ordnen sich selbst den Gruppen zu, der Lehrer gibt keine bestimmte Gruppengröße vor.
- Kurz vor Beendigung der Einstudierphase: „Noch drei Minuten".

Ausklang

Ergebnispräsentation

Jeweils zwei oder drei Gruppen führen ihre Ergebnisse gleichzeitig vor.

- Würdigung aller Ergebnisse
- Herausstellen der Originalität jedes Beitrags

Rope-Skipping I

Lernziele: Abstimmen der Arm- und Seilbewegung auf die Körperbewegung
Erlernen des Grund- und Grätschsprungs
Sich auf einen und mehrere Partner einstellen

Gerätebedarf: Springseile, Musik (120 – 130 Schläge pro Minute)

Moderne Kunststoffseile erlauben ein schnelleres Seilkreisen und Springen und ermöglichen dadurch viele neue Sprungmöglichkeiten. Sie vermitteln ein völlig neues Sprunggefühl und schnelle Erfolgserlebnisse. Alle Übungen sind jedoch auch mit herkömmlichen Hanfseilen möglich.

Unterrichtsverlauf

Einstimmung

Freie kreative Phase

Die Kinder bewegen sich frei in der Halle und experimentieren mit dem Seil.

Hauptteil

Die Kinder stellen sich in einem großen Kreis (Oval) auf.

Grundsprung

Der Lehrer demonstriert den Grundsprung mit Zwischenhüpfer.

- Zuerst ohne Musik
- Dann im Takt der Musik

Variationen: Grundsprung von Seite zu Seite
Grundsprung vorwärts – rückwärts

Hinweise und Tipps

- Hinweis: „Keiner berührt den anderen."

Sprungtechnik:

- Richtige Seillänge: Wenn das Kind auf der Mitte des Seils steht, sollen die Griffe bis unter seine Achseln reichen.
- Der Absprung erfolgt vom Fußballen aus. Minimale Sprunghöhe. Die Fußspitzen werden nicht gestreckt.
- Die Arme liegen angewinkelt am Körper, die Unterarme zeigen nach außen.

Grätschsprung

Abwechselnd mit den Füßen auseinander und zusammen springen.

- Ohne Seil
- Mit Seildurchschlag
- Im Takt der Musik
- Synchron in der Gruppe: Die Kinder gehen zu viert zusammen und versuchen synchron zu springen, z. B.: viermal Grundsprung, viermal Grätschsprung
- Die einzelnen Gruppen führen ihre Ergebnisse im Kreis vor.

- Auf ausreichende Rhythmisierung achten!
  Während der Vorführungen haben die übrigen Kinder Zeit sich zu erholen.

Springen mit dem Partner

- Jedes Paar hat ein Seil.
  Jeder nimmt ein Ende vom Seil. Beide springen nacheinander ins Seil und springen nebeneinander weiter.
  Variation: Mit Grätschsprung
- Einer hält das Seil, der andere springt rein. Der Schüler ohne Seil passt sich an den Rhythmus des Partners mit Seil an.
  Der Seilschwinger nähert sich dem Partner *von der Seite,* nicht von vorne!
  Variation: Mit Grätschsprung

- Seile, die nicht mehr benutzt werden, hängen die Kinder über die Sprossenwand. Nicht am Boden liegen lassen! Verletzungsgefahr!

Springen in einer Reihe

Mehrere Kinder stehen ohne Seil in einer Reihe und springen im gleichen Rhythmus wie der gegenüber stehende Seilschwinger. Der Seilschwinger bewegt sich seitwärts von Kind zu Kind. Er führt jeweils einen Sprung mit einem Kind und einen Sprung dazwischen aus.

Die einzelnen Gruppen führen ihre Ergebnisse wieder vor.

- Bei auftretenden Unsicherheiten sind auch mehrere Sprünge im Zwischenraum möglich.

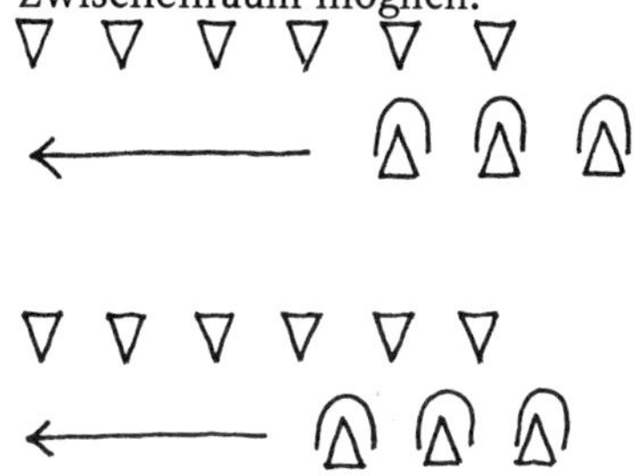

Ausklang

Blind führen

Ein Kind führt seinen Partner blind am Seil (zuerst am kurzen Seil, dann nach und nach Seil verlängern).

Rope-Skipping II

Lernziele: Abstimmen der Arm- und Seilbewegung auf die Körperbewegung
Erlernen des Grund- und Grätschsprungs
Sich auf einen und mehrere Partner einstellen

Gerätebedarf: Springseile, Musik (120 – 130 Schläge pro Minute)

Moderne Kunststoffseile erlauben ein schnelleres Seilkreisen und Springen und ermöglichen dadurch viele neue Sprungmöglichkeiten. Sie vermitteln ein völlig neues Sprunggefühl und schnelle Erfolgserlebnisse. Alle Übungen sind jedoch auch mit herkömmlichen Hanfseilen möglich.

Unterrichtsverlauf

Einstimmung

Freie kreative Phase
Die Kinder bewegen sich frei in der Halle und wiederholen den Grund- und Grätschsprung.

Hauptteil

Die Kinder stellen sich in einem großen Kreis (Oval) auf.

Fersentipp
Der Lehrer demonstriert den Grundsprung mit Fersentipp:

→ Ohne Seil
→ Mit Seildurchschlag
→ Im Takt der Musik

Sprungkombination
Die drei erlernten Sprünge werden aneinander gereiht:

- vier Grundsprünge
- vier Grätschsprünge
- vier Fersentipps

→ Ohne Seil
→ Mit Seildurchschlag
→ Im Takt der Musik

Hinweise und Tipps

- Hinweis: „Keiner berührt den anderen."

Sprungtechnik:

- Richtige Seillänge: Wenn das Kind auf der Mitte des Seils steht, sollen die Griffe bis unter seine Achseln reichen.
- Der Absprung erfolgt vom Fußballen aus. Minimale Sprunghöhe. Die Fußspitzen werden nicht gestreckt.
- Die Arme liegen angewinkelt am Körper, die Unterarme zeigen nach außen.

Springen mit dem Partner

Zweier-Kette

Die Partner stehen nebeneinander.

Die Seile sind überkreuz, sodass das eine Seil von beiden Kindern in der rechten, das andere Seil in der linken Hand gehalten wird.

Variation: Mit Grätschsprung und Fersentipp

- Seile, die nicht mehr benutzt werden, hängen die Kinder über die Sprossenwand. Nicht am Boden liegen lassen! Verletzungsgefahr!

Springen in der Gruppe

Zwei Schüler schwingen ein langes Seil zur Gruppe hin. Der erste Springer steht so weit entfernt, dass er vom schwingenden Seil gerade nicht getroffen wird.

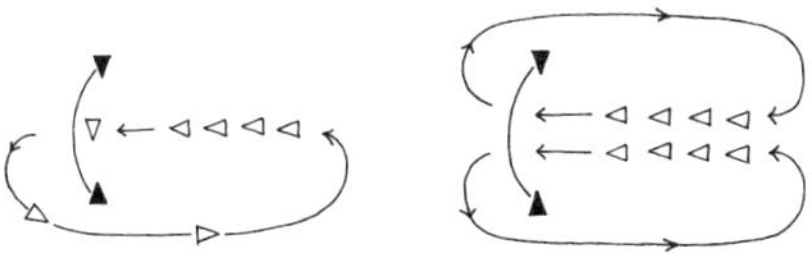

Wenn das Seil den Boden trifft

- laufen die Kinder unten durch.
  - → Allein
  - → Zu zweit
  - → Zu viert
- springen die Kinder hinein und wieder heraus.
  - → Allein
  - → Zu zweit
  - → Zu viert
- springen die Kinder mehrmals im Seil.
  - → Allein
  - → Zu mehreren

Ausklang

Gruppenchoreografie

Die Kinder bilden Gruppen beliebiger Größe und denken sich eine Sprungfolge aus.

Jeweils zwei oder drei Gruppen führen ihre Ergebnisse gleichzeitig vor.

- Würdigung aller Ergebnisse
- Herausstellen der Originalität jedes Beitrags

Erlernen eines Tanzes: Hip-Hop

Lernziele: Bewegungsmöglichkeiten zur Musik erproben
Rhythmusschulung
Kennenlernen einfacher Tanzschritte, -figuren und -formen

Gerätebedarf: Musik, ca. 100 Schläge pro Minute

Dieser Hip-Hop-Tanz gibt Anregungen zu einer einfachen Gestaltung eines modernen Tanzes. Die Choreografie kann selbstverständlich durch eigene Ideen oder Ideen der Kinder verändert bzw. erweitert werden. Der fertige Tanz eignet sich auch gut zum Aufwärmen in anderen Stunden.

Unterrichtsverlauf

Einstimmung

Freie kreative Phase

Die Schüler bewegen sich frei zur mitgebrachten Musik.

Hauptteil

Rhythmusschulung

- Den Takt der Musik klatschen, gehen, laufen, hüpfen
- Den ersten Takt finden (Einsatz), die Takte laut mitzählen

Erarbeiten einer einfachen Choreografie

- Vier Schritte vorwärts, klatschen
  Vier Schritte rückwärts, zweimal klatschen
  → wiederholen (16 ZZ = Zählzeiten)
- Acht „slides“: Seitanstellschritte rechts und links im Wechsel, Arme schwingen locker vor dem Körper (16 ZZ)
- „grapevine“ rechts (erster Schritt rechts seit, zweiter links hinten überkreuz, dritter Schritt rechts

Hinweise und Tipps

- Die Musik sollte ca. 100 Schläge pro Minute haben und zum „Grooven“ animieren.
  Tipp: Die Kinder bereits zwei Stunden vor dieser Unterrichtseinheit Musik mitbringen lassen, die sich ihrer Meinung nach zum Hip-Hop eignet, und daraus passende Titel auswählen.

„grapevine“-Bewegungsablauf

seit, vierter links nachziehen und linke Fußspitze auftippen)
„grapevine“ links
→ wiederholen (16 ZZ)

- Vier Sprünge beidbeinig vorwärts, Beine hüftbreit geöffnet, Arme gestreckt vor, beim vierten Sprung ein lauter Schrei: „Ha!“
  Vier Sprünge beidbeinig rückwärts, vierten Sprung mit lautem Schrei (16 ZZ)

- Mit acht schnellen Sprüngen zur Gassenaufstellung, Arme hoch. Die Kinder stehen sich seitlich gegenüber.
  Vier langsame Sprünge am Ort (16 ZZ)

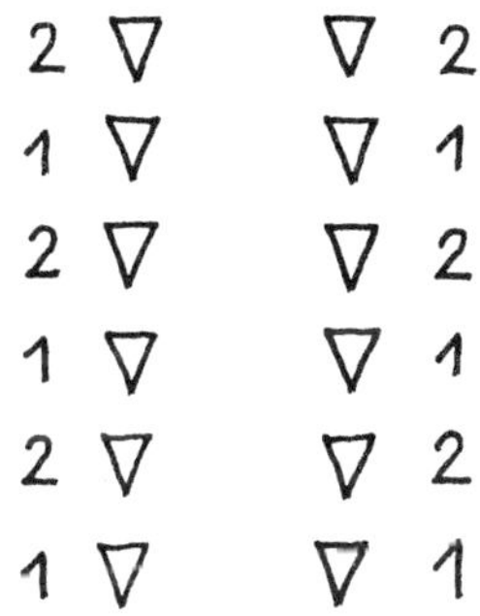

- Achtmal Gewichtsverlagerung nach rechts und links (1er beginnen rechts, 2er links) (8 ZZ)

- Arme nach oben strecken, bücken und Kopf hängen lassen
  → wiederholen (8 ZZ)

- Vier „lunges“: Ausfallschritte zur Gassenmitte, innere Hand schnipst, Blick zum gegenüber stehenden Schüler (16 ZZ)

- Mit 16 Schritten zur Kreisformation, Arme als „Scheibenwischer“ (16 ZZ)

- Acht Schritte vorwärts im Uhrzeigersinn, beim achten Schritt halbe Drehung in die Gegenrichtung. Acht Schritte vorwärts gegen den Uhrzeigersinn (16 ZZ)

- Vier Schritte vorwärts zur Kreismitte, klatschen
  Vier Schritte rückwärts, zweimal klatschen
  → wiederholen (16 ZZ)

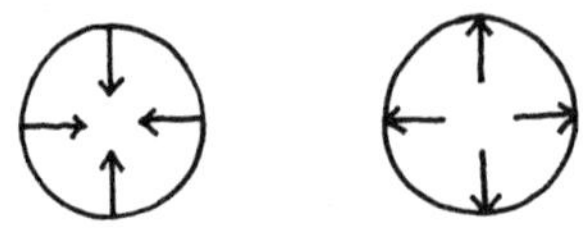

Die Kinder denken sich in Gruppen einen Schluss aus und führen ihn vor. Die Klasse einigt sich auf einen Schluss.

- Möglicher Schluss: Die Kinder fallen nach dem Dominoprinzip nacheinander zur Kreismitte hin um.

Ausklang

Gespräch: Wie könnten wir das Ergebnis dieser Stunde noch weiterführen bzw. aufbauen, um es anderen vorzuführen?

Methodische Grundsätze zum Erlernen eines Tanzes:

- Aufbau der Choreografie: Vom Leichten zum Schweren
- Schritte und Schrittfolgen zunächst ohne Musik einüben
- Erst wenn die Beinarbeit automatisiert ist, die Armbewegung hinzunehmen
- Differenzierung:
  Alternativen anbieten für koordinativ oder konditionell besonders anspruchsvolle Schritte
- Variation der Raumwege (vorwärts, rückwärts, seitwärts) und der Aufstellung (Linie, Dreieck, Gasse, Kreis)
- Effekte (Klatschen, Schreie, Bodenteile)

- Möglichkeit, um den Tanz auszubauen:
  Die Kinder überlegen sich in Gruppen eigene Schrittfolgen und Figuren, studieren diese ein und tanzen diese nacheinander vor einem gemeinsamen Schluss.

Möglichkeiten, Arme und Hände einzusetzen:

- In verschiedene Richtungen: Nach oben, vorne, unten, seitlich, diagonal, ein- oder beidarmig
- Kombiniert: ein Arm oben, ein Arm seitlich etc.
- Mit geballten Fäusten
- Handflächen offen, Finger gespreizt
- Hände abgewinkelt
- Unterarme abgewinkelt
- Klatschen, Schnipsen, Patschen
- Beugen, Strecken, Winken, Kreisen, Kreuzen, Boxen, Schwenken, Schütteln …

„Im Fitnessstudio“ – Modernes Zirkeltraining

Lernziele: Kennenlernen verschiedener Übungsformen zur Verbesserung der körperlichen Leistungsfähigkeit
Kräftigung und Ausdauer
Motivation, die eigene Kondition verbessern zu wollen

Gerätebedarf: Musik, zwei Kastenoberteile, acht Keulen, zwei Langbänke, vier Matten, zwei Sprossenwände, Barren, vier kleine Medizinbälle

Für diese Stunde benötigen Sie zwei Kassetten oder CDs mit verschiedenen Tempi. Aerobic: ca. 150 bpm (beats per minute), Stationstraining: ca. 120 bpm.

Unterrichtsverlauf | *Hinweise und Tipps*

Einstimmung

Aufbau und Besprechung der Stationen

Die Kinder bauen nach einem Plan die Stationen auf.
Der Lehrer erklärt die Übungen an den Stationen.
Die Kinder bilden gleich große Gruppen und ordnen sich bereits den Stationen zu.

- An jeder Station hängt eine entsprechende Bildkarte, auf der die Übung nochmal erläutert wird.

Station 1:
Zwei Sprossenwände
Anheben der Knie im Hang rücklings
→ Bauch- und Armmuskulatur

Station 2:
Langbank, vier Matten
Rückenlage auf der Matte, Fersen auf der Langbank, Heben und Senken des Gesäßes
→ Gesäßmuskulatur

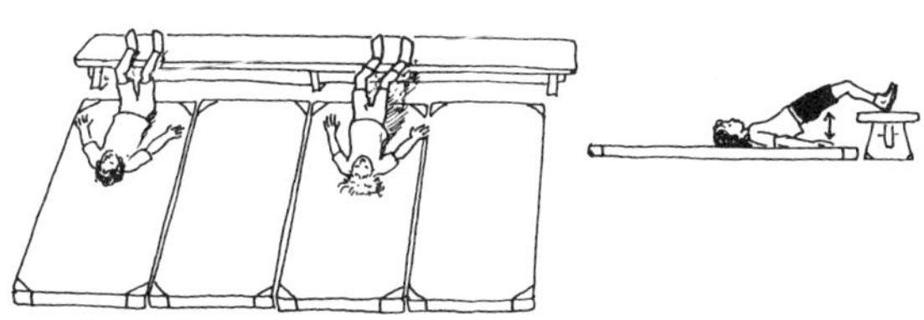

Station 3:
Zwei Kastenoberteile, acht Keulen
Bauchlage auf dem Kastendeckel, Kopf und Schultern sind frei. Heben und Senken der Arme in Seithalte, ohne die Keulen am Boden abzulegen. Keulen als Hantelersatz
→ Arm- und Rückenmuskulatur

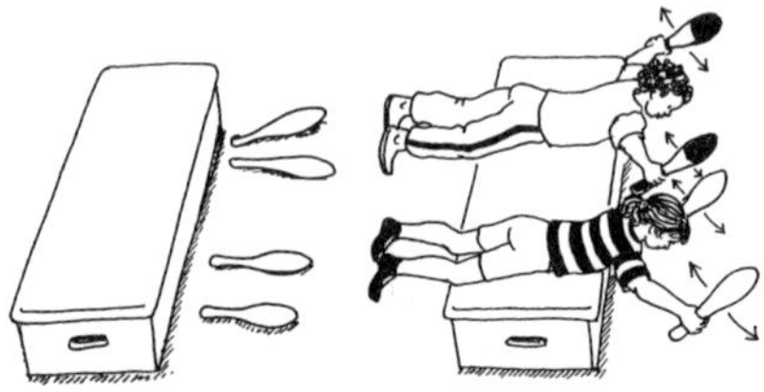

Station 4:
Barren
Stützeln durch die Holmengasse
→ Schultergürtelmuskulatur

Station 5:
„Squats“: Beine hüftbreit beugen und strecken
→ Bein- und Gesäßmuskulatur

Station 6:
Langbank
Stütz rücklings auf der Langbank, Beugen und Strecken der Arme, Beine bleiben angewinkelt
→ Hintere Oberarmmuskulatur (Trizeps)

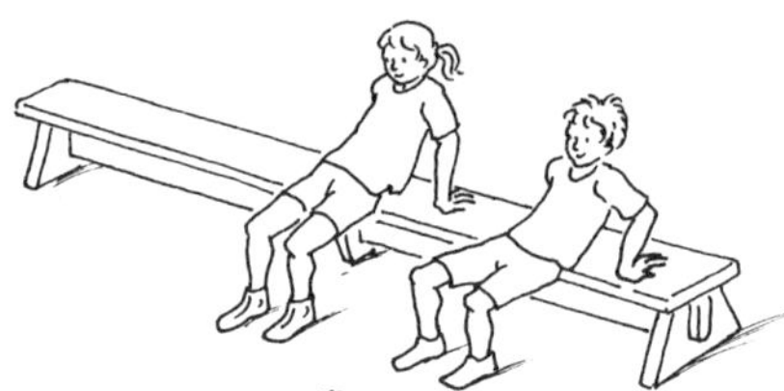

Station 7:
Vier kleine Medizinbälle
Achterkreisen des Medizinballes um und durch die Beine
→ Beweglichkeit des Rumpfes

Hauptteil

Aufwärmen mit anschließender Erarbeitung einer Aerobic-Kombination

Aerobic-Kombination

- Vier Schritte vorwärts gehen, Arme vorschwingen

- Dauer: ca. 10 Minuten
- Dies ist nur ein Vorschlag für eine kleine Kombination. Man könnte selbstverständlich auch andere Schrittfolgen oder Teile aus dem Hip-Hop-Tanz nehmen. Die Kombination sollte aber in jedem Fall möglichst einfach gestaltet sein, damit sie von allen Kindern beherrscht wird.

Vier Schritte rückwärts gehen, Arme vorschwingen
→ wiederholen (16 ZZ)

- Vier Hampelmänner am Platz
  Zwei Hampelmänner in der Vorwärts- und zwei in der Rückwärtsbewegung (16 ZZ)

- „grapevine“ rechts (erster Schritt rechts seit, zweiter links hinten überkreuz, dritter Schritt rechts seit, vierter links nachziehen und linke Fußspitze auftippen)
  „grapevine“ links
  → wiederholen (16 ZZ)

- „grapevine“ s. S. 144

- Vier Sprünge mit Kick vorwärts
  Vier Sprünge mit Kick rückwärts (16 ZZ)

Zirkeltraining in Kombination mit Aerobic

Statt einer Pause findet vor dem Wechsel der Stationen ein Ausdauertraining statt (= lohnende Pause).

Die Kinder kommen in die Hallenmitte und machen gemeinsam mit dem Lehrer die erarbeitete Aerobic-Kombination zwei- bis dreimal durch. Danach wechseln sie im Uhrzeigersinn weiter zur nächsten Station.

→ Eine Minute Stationstraining
→ Aerobic-Kombinationen
→ Eine Minute Stationstraining
→ Aerobic-Kombinationen usw.

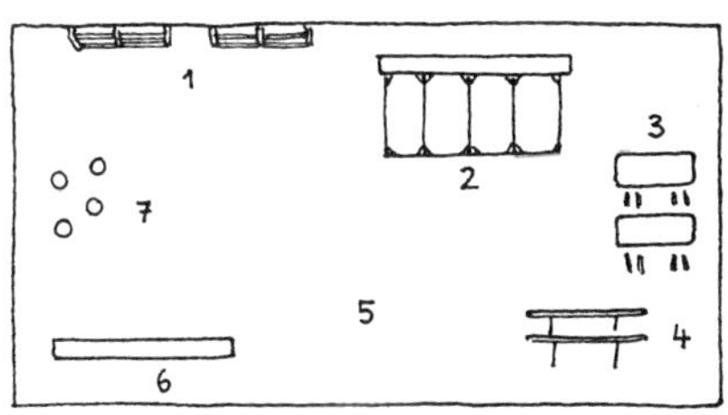

Ausklang

Stretching

Im Anschluss wird die belastete Muskulatur gedehnt.

Leichtathletik

Laufen mit dem Würfel

Lernziele: Ausdauer, Schnelligkeit
Fairness, Kooperation

Gerätebedarf: Vier Hütchen, vier Zahlenblätter, vier Stifte, vier Würfel, Musik

Diese Stunde ist sehr bewegungsintensiv! Es können auch einzelne Teile herausgegriffen und beispielsweise zum Aufwärmen eingesetzt werden.

Unterrichtsverlauf

Einstimmung

Spiel: „Fang 5!"

Vier Hütchen werden in den Hallenecken verteilt.

Vier Fänger müssen so schnell wie möglich fünf Kinder fangen (bei 24 Schülern), die mit dem Fänger eine Kette bilden. Wenn die Gruppe vollständig ist, setzt sie sich hinter ihr vorher bestimmtes Hütchen.

Hauptteil

Spiel: „Fair geht vor"

Jede Gruppe bekommt einen Würfel, einen Stift und ein Blatt mit verschiedenen Zahlen (siehe Kopiervorlage S. 152). Bei einsetzender Musik läuft jede Gruppe in Handfassung eine Runde bis zu ihrem Hütchen. Jedes Gruppenmitglied darf jetzt einmal würfeln und diese Zahl auf dem Beiblatt ausstreichen. Danach wird wieder eine Runde gelaufen. Es wird so lange gelaufen und gewürfelt, bis alle

Hinweise und Tipps

- Die Anzahl der zu fangenden Kinder richtet sich nach der Klassenstärke. Es sollen vier gleich große Gruppen entstehen

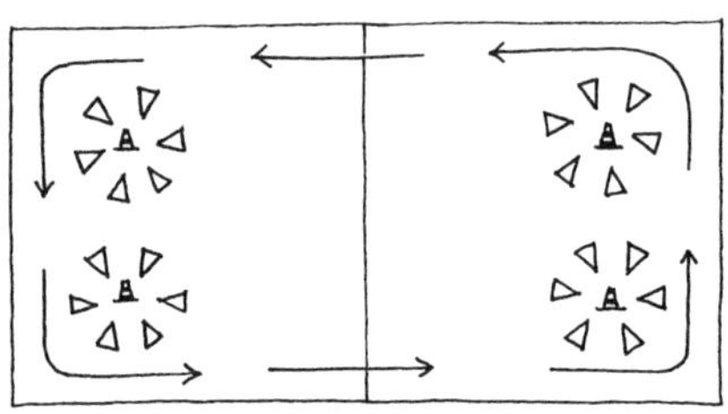

Zahlen abgewürfelt worden sind. Bleibt zum Schluss z. B. eine 2 übrig, so muss diese Zahl direkt gewürfelt werden, andernfalls muss die Gruppe eine weitere Runde laufen und nochmals ihr Glück versuchen. Wurden alle Zahlen gewürfelt, setzt sich die Gruppe um das Hütchen.

Variationen

Die Kinder drehen das Blatt um und unterteilen es mit zwei Strichen in drei Felder.

- Die gewürfelten Zahlen werden addiert.
  Die Gruppe hat gewonnen, die als Erste genau 100 als Summe gewürfelt hat.
- Laufen mit Balldribbling
- Laufen mit Ballführung am Fuß
- Nummernlauf
  Jedes Gruppenmitglied erhält eine Zahl zwischen eins und sechs. Der Würfel bestimmt, wer eine Runde laufen muss (auch mit Ball).

- Eventuell Blatt, Würfel und Stift während des Laufens unter dem Hütchen deponieren.

Ausklang

Spiel: „Der Würfel bestimmt"

jede Gruppe bekommt einen Würfel und ein „Laufblatt". Ein Kind aus der Gruppe würfelt. Die Augenzahl bestimmt, wie sich die ganze Gruppe über eine Hallenrunde fortbewegt. Danach würfelt der zweite Schüler usw.

- Die verschiedenen Laufformen (z. B.: rückwärts laufen; anfersen; als Zug laufen etc.) werden demonstriert.
- Die Gruppe muss immer zusammenbleiben. Es darf erst gewürfelt werden, wenn alle Gruppenmitglieder die vorgegebene Strecke zurückgelegt haben und sitzen.

6 5 1
3 2 4
4 1 6
5 3 2
1 2 4
3 1 6
5 6 2
4 5 3
2 1 6
3 4 5

Rhythmisch-koordinative Laufschulung

Lernziele: Rhythmus- und Ausdauerschulung
Kooperation, Konzentration

Gerätebedarf: Zwei Langbänke, vier Hütchen, Laufmusik, evtl. Jongliertücher oder Bälle

Unterrichtsverlauf

Einstimmung

Begrüßungstänzchen
Die Kinder laufen acht Schritte frei in der Halle und halten dabei nach einem Partner Ausschau. Nach diesen acht Laufschritten haken sie sich bei einem Partner ein und machen mit diesem acht Hopser in Kreisrichtung.

Hauptteil

Klatschen des Rhythmus
- Die Kinder klatschen mit den Händen den Rhythmus der Musik.
- Die Kinder klatschen abwechselnd in die Hände und auf die Oberschenkel.
- Die Kinder klatschen im Sitzen abwechselnd in die Hände, auf die Oberschenkel und den Boden.
- Die Kinder klatschen mit einem Partner, der gegenübersteht.
- Die Kinder bewegen sich im Rhythmus der Musik durch die Turnhalle.
- Die Kinder laufen und betonen dabei jeden zweiten bzw. vierten Schritt.

Hinweise und Tipps

- Verschiedene Musikstücke mit verschiedenen Tempi anbieten!

Laufen im Rhythmus der Musik

- Die Kinder laufen vorwärts und rückwärts durcheinander und versuchen dabei, den Rhythmus der Musik einzuhalten.
- Wenn die Musik lauter wird, führen die Kinder eine Drehung aus.
- Wenn sie einem Mitschüler begegnen, geben sie ihm die Hand.
- Die Kinder begrüßen ihre Mitschüler, indem sie mit den erhobenen Händen zusammenklatschen.
- Die Kinder laufen zu Musikstücken mit verschiedenen Rhythmen.
- Die Kinder laufen nach Musik. Bei Musik-Stopp bleiben sie stehen und der Lehrer sagt die nächste Aufgabe an.
- Hinweis: „Laufe immer im Rhythmus zur Musik!"
- Bei Schülern, die Schwierigkeiten haben, den Rhythmus einzuhalten, empfiehlt es sich, sie mit einem Partner laufen zu lassen, der rhythmisch sicher ist.

Rhythmische Laufformen an der Langbank

Die Kinder bilden hinter den Hütchen zwei gleich große Reihen.

Die ersten zwei Kinder jeder Reihe demonstrieren die jeweilige Übung.

Das nächste Paar läuft los, wenn die Vorgänger das Hütchen erreicht haben, an dem sie sich treffen.

Schüler der Gruppe A laufen jeweils auf der Langbank.

- Einüben des Laufweges ohne Partnerberührung.
- Die Partner klatschen sich bei jedem Treffen in die erhobenen Hände (s. Abb. o.).
- Die Partner haken sich bei den beiden Treffen an den Hütchen unter und führen laufend eine ganze Drehung aus.
- Die beiden Partner fassen sich beim Hütchen an den Händen und laufen/springen über die Langbänke (s. Abb. u.).

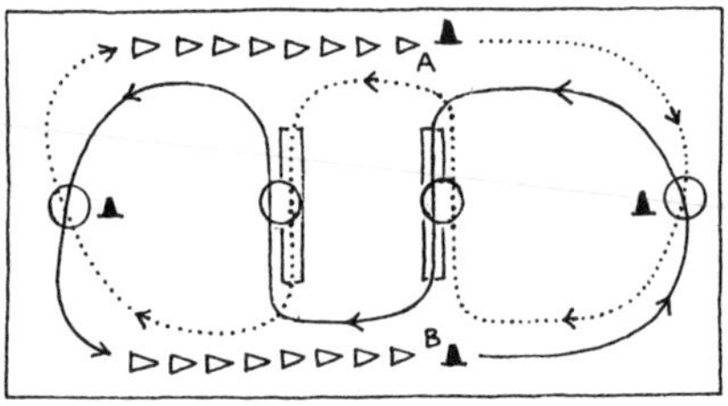

- Kinder, die Schwierigkeiten mit den Raumwegen haben und die Orientierung verlieren, gehen und laufen in Handfassung mit einem sicheren Kind.
- Jeden Laufweg demonstrieren lassen!

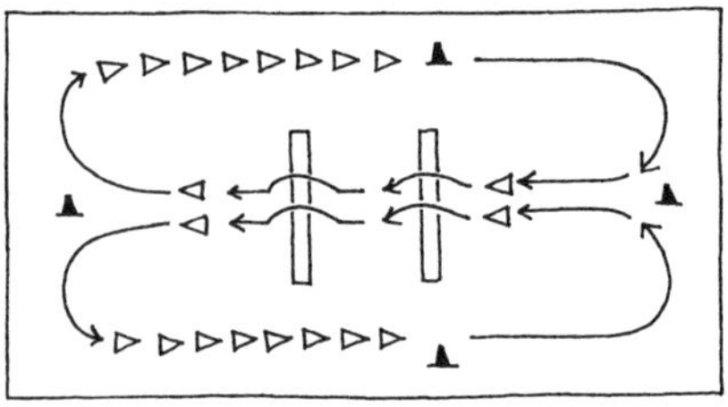

- Variationsmöglichkeiten: Schüler der Gruppe A besitzen ein Jongliertuch, einen Ball o. Ä. Bei jedem Treffen mit dem Partner wird der Gegenstand übergeben.

Ausklang

Rhythmisches Laufen an der Langbank

Die verschiedenen Laufformen an der Langbank werden aneinandergereiht und wiederholt.

Laufen und Springen im Sprunggarten

Lernziele: Sammeln vielfältiger Sprungerfahrungen
Ausdauer, Sprungkraft
Kooperation, Konzentration

Gerätebedarf: Zehn bis zwölf Bananenkartons, vier Hütchen oder Fähnchen, Laufmusik

Unterrichtsverlauf

Einstimmung

Laufen und Springen im Sprunggarten

Der Sprunggarten ist ein mit Hütchen oder Fähnchen abgegrenztes Viereck. Innerhalb dieses Vierecks werden die Bananenkartons so als Hindernisse aufgestellt, dass verschiedene Hindernishöhen und -weiten überwunden werden können.

- Um die Hindernisse herumlaufen.
- Abwechselnd ein flaches und ein hohes Hindernis überwinden.
- Mit dem Partner in Handfassung: Partner 1 überwindet das Hindernis, Partner 2 läuft daran vorbei. Rollentausch beim nächsten Hindernis oder nach einer festen Anzahl von Sprüngen.
- Während Partner 1 im Sprunggarten unterwegs ist, hat Partner 2 Pause und wartet am Rand des Hindernisgartens. Nachdem Partner 1 eine bestimmte Anzahl von Hindernissen überwunden hat, kehrt er zu Partner 2 zurück, welcher nun läuft.

Hinweise und Tipps

- Die Kartons werden von den Schülern gleichmäßig im Sprunggarten verteilt.
- Wenn Kartonhälften verwendet werden, darauf achten, dass die offene Seite nach unten zeigt → Vermeidung von Verletzungen durch Hängenbleiben!
- Jede Übung demonstrieren lassen.

Variation: Die Anzahl der Sprünge wird von Einsatz zu Einsatz jeweils um einen Sprung erhöht, d. h. Partner 1 überwindet zunächst ein Hindernis, danach Partner 2 zwei Hindernisse usw.

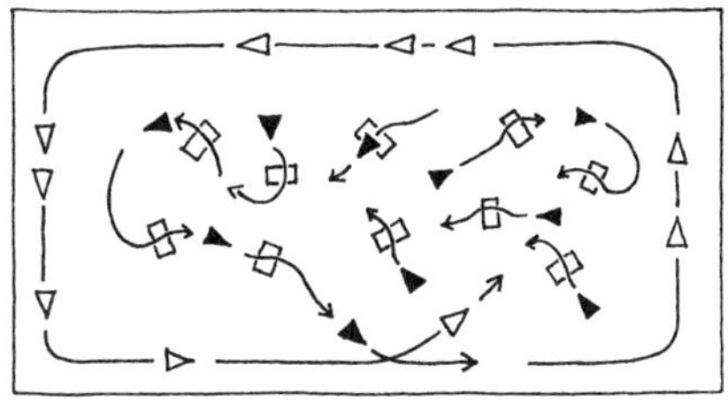

- Während Partner 1 im Sprunggarten unterwegs ist, läuft Partner 2 um das Viereck herum. Sind beide wieder am Ausgangspunkt eingetroffen → Rollentausch.

Spiele im Sprunggarten

Auf die Rundbahn schicken

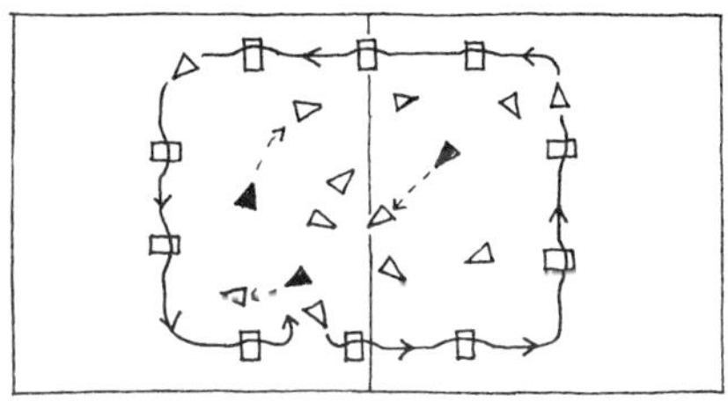

Die Bananenkartons werden außen um das Viereck herum aufgestellt und der Lehrer bestimmt zwei bis drei Fänger. Wer abgeschlagen wird, muss eine Runde über die Kartons laufen und darf danach wieder ins Spielfeld zurück.

Die Fänger haben gewonnen, wenn sie alle Kinder aus dem Feld bekommen haben.

Aus dem Feld schicken

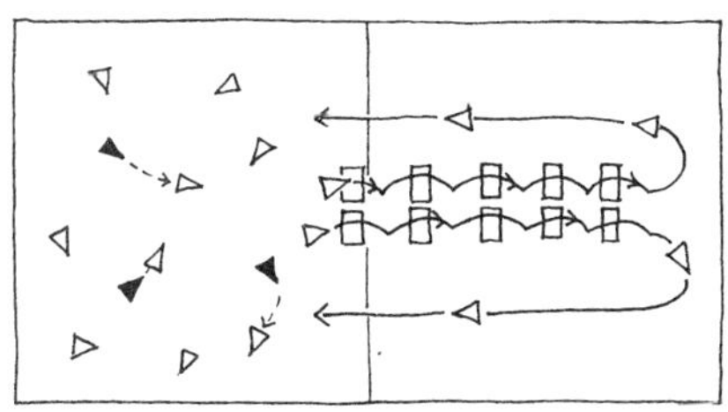

Die zu überwindende Hindernisstrecke führt jetzt vom Viereck weg und wieder zurück. Wer gefangen wird, bewältigt die Hindernisstrecke und darf wieder zurück ins Feld.

Staffeln im Sprunggarten

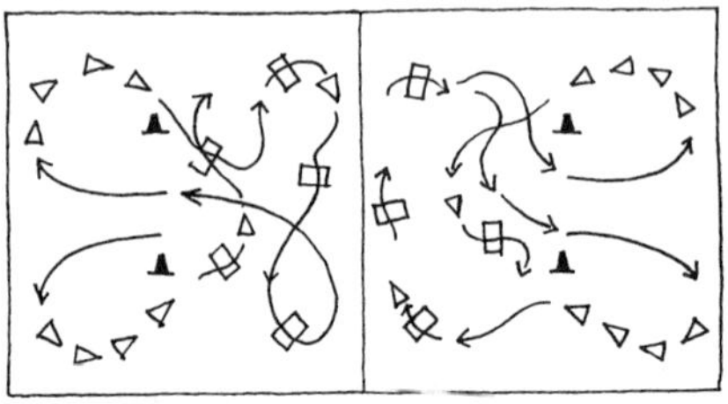

Die Kinder bilden vier gleich große Mannschaften außerhalb des Sprunggartens. Jede Gruppe startet von einer anderen Seite des Vierecks. Der jeweils Erste überwindet auf einem frei gewählten Weg fünf Hindernisse und schlägt dann den Nächsten ab.

Alternative: Paarstaffel

Die Hindernisse im Sprunggarten werden verbreitert, indem man immer zwei Bananenkartons nebeneinander aufstellt. Die Paare absolvieren oben genannte Aufgabe nun mit Handfassung.

Weitspringen über Bananenkartons

Lernziele: Einbeiniger Absprung und beidbeinige Landung
Absprung aus schnellem Anlauf heraus und aus dem Absprungraum
Kooperation, Konzentration

Gerätebedarf: Zehn Bananenkartons, drei Hütchen, Rechen zum Auflockern des Sandes, Zauberschnur

Bananenkartons am Beginn der Weitsprunggrube stellen attraktive Hindernisse dar, die zum Überspringen herausfordern und Flüge erlebbar machen. Die Anforderungen können dabei allmählich gesteigert werden und Sprungleistungen werden für den Schüler anschaulich.

Unterrichtsverlauf

Hinweise und Tipps

Einstimmung

Laufen und Springen in einer Kartonreihe

Zehn Bananenkartons liegen im Abstand von ca. zwei bis drei Metern flach in einer Reihe auf dem Boden, die Kinder überwinden die Kartons und laufen außen herum zurück.

- Im Slalom um die Kartons laufen
- Über die Kartons laufen
- Einbeinig bzw. beidbeinig über die Kartons springen
- Mit einem Partner in Handfassung über die Kartons laufen

Variation: Die Kartons liegen hochkant quer bzw. längs auf dem Boden.

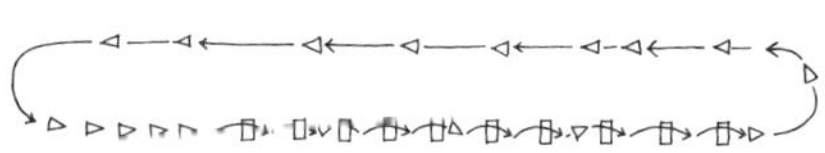

Hauptteil

Weitsprung an der Sprunggrube

Die Kinder versammeln sich um die Sprunggrube, es wird geklärt, wo ein gültiger Absprung erfolgen muss.

- Beidbeiniger Sprung aus dem Stand (vom Brett) mit Vorhochschwingen der Arme

- Der Absprung erfolgt aus dem 80 cm breiten Absprungraum (30 cm vor und 30 cm hinter dem 20 cm breiten Balken).
- Hinweis: „Springe mit einem Bein ab und lande beidbeinig.“

- Weitsprung mit Absprung nach drei Schritten Anlauf

- Weitsprung mit Absprung nach fünf Schritten Anlauf (fünf Anlaufschritte = sieben Gehschritte)
- Weitsprung mit Absprung nach sieben Schritten Anlauf (sieben Anlaufschritte = ca. zehn Gehschritte)
- Weitsprung mit Anlauf

- Hinweis: „Nimm die Arme nach dem Absprung nach vorne, damit du nicht zurückfällst."
- Hinweis: „Verlasse die Sprunggrube nach hinten und laufe an der Seite zurück, damit du niemanden behinderst." Rückweg demonstrieren lassen!
- Hinweis: „Steigere deine Geschwindigkeit beim Anlauf so, dass du beim Absprung die höchste Geschwindigkeit erreicht hast."

Weitsprung über Bananenkartons
Hinter der Absprungzone werden nun Bananenkartons aufgestellt, um die Flugphase zu verbessern:
- flach liegend
- hochkant quer liegend

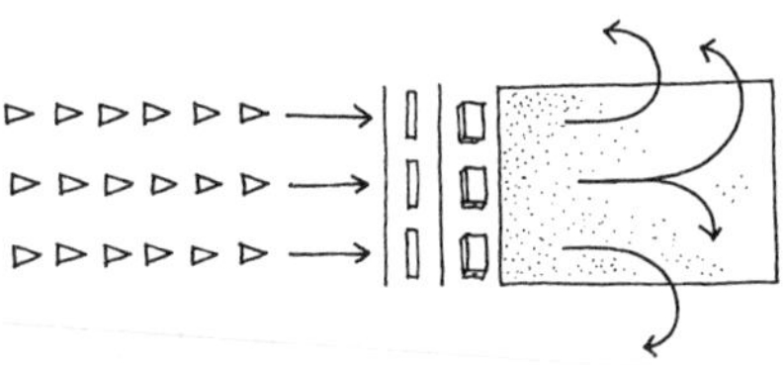

Differenzierung
- Sprunggrube 1: Ein Karton liegt flach.
- Sprunggrube 2: Zwei Kartons liegen flach.
- Sprunggrube 3: Ein Karton liegt flach, ein zweiter steht hochkant quer dahinter.

- Jeder Schüler entscheidet selbst, wo er springt.

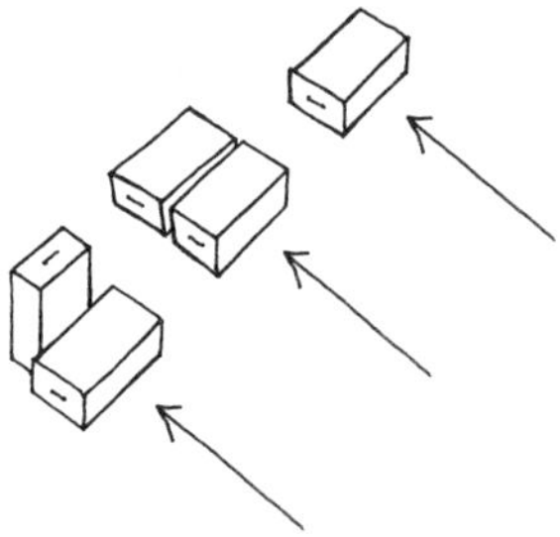

Ausklang

Gruppenwettkampf
Die Kinder bilden vier gleich große Gruppen.
Jeder springt an einer selbst gewählten Station. Der Sprung ist ungültig, wenn die Kartons umfallen oder berührt werden.
Ein Sprung über Sprunggrube 1 bekommt einen Punkt, über Sprunggrube 2 zwei Punkte und über Sprunggrube 3 drei Punkte.

- Pädagogische Wettkampfform → auch die Leistung des Schwächeren ist für die Gruppe wertvoll.

Wie viele Punkte erreicht jede Gruppe, wenn jeder Schüler fünfmal springt?

Alternative:
Die Kinder springen über eine schräg in die Sprunggrube gelegte Zauberschnur. jeder Schüler sucht sich den Absprungbalken aus, von welchem aus er den Sprung über die Zauberschnur schafft.

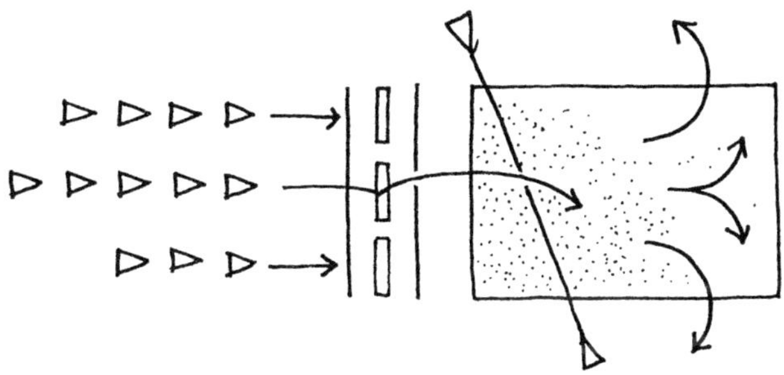

Weitwerfen

Lernziele: Verbessern der Technik des Schlagwurfs
Weitwerfen auf Ziele
Gerätebedarf: Gymnastikbälle, Schlag- oder Schweifbälle, Tau

Unterrichtsverlauf

Einstimmung

Spiel: „Haltet die Seiten frei!"
Die Kinder zweier gleich großer Mannschaften verteilen sich in je einer Spielfeldhälfte. Jeder Schüler besitzt einen Gymnastikball. Auf Pfiff des Lehrers werfen alle Kinder ihren Ball mit Schlagwurf in das gegnerische Feld und versuchen, die eigene Seite möglichst von Bällen freizuhalten.
Nach zwei bis drei Minuten pfeift der Lehrer das Spiel ab. Sieger ist die Mannschaft, in deren Hälfte sich die wenigeren Bälle befinden.

Hauptteil

Weitwerfen mit dem Schlagwurf – Technikschulung
Die Kinder bilden zwei etwa gleich große Gruppen in Linienaufstellung.

Weitwerfen aus dem Stand
Der Lehrer demonstriert den Schlagwurf aus dem Stand, die Schüler machen ihn nach.

- Schlagwurfbewegung ohne Abwurf des Balles
- Mit Abwurf

Organisation:
1. Pfiff: Gruppe 1 wirft
2. Pfiff: Gruppe 2 wirft
3. Pfiff: Alle holen den Ball

Hinweise und Tipps

- Hinweis: „Wirf immer mit dem Schlagwurf. Nach dem Schlusspfiff darf nicht mehr geworfen werden.
  → Schlagwurf demonstrieren lassen
- Aus Sicherheitsgründen sollte dieses Spiel nicht mit den harten, hohe Geschwindigkeiten erreichenden Schlagbällen gespielt werden.

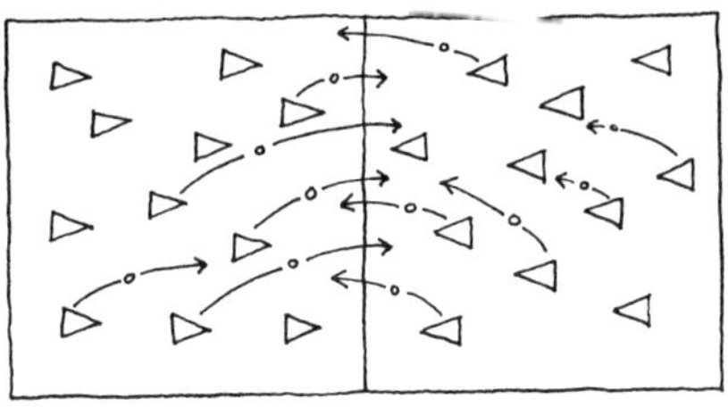

Beim Standwurf setzt der Rechtshänder das linke Bein (Stemmbein) nach vorne und holt mit dem Ball von weit hinten aus.
Häufige Fehler: Falsches Stemmbein und fehlende Ausholbewegung.

- Im Sinne der Unfallverhütung ist hier eine straffe Organisationsform notwendig.

Weitwerfen aus dem Anlauf

Demonstration des Lehrers und Erproben der Schüler

- Anlauf und Wurfbewegung ohne Abwurf
- Mit Abwurf

Der Wurf aus dem Anlauf erfolgt beim Rechtshänder nach den drei Schritten links-rechts-links. Der Wurfarm wird beim ersten Schritt zurückgeführt. Der zweite Schritt ist ein flacher, raumgreifender Sprung von links auf rechts (Impulsschritt). Zuletzt wird mit dem linken Bein gestemmt.

Weitwerfen auf Ziele

Möglichkeiten für Wurfziele:

- Weichbodenmatten am Ende der Halle
- Basketballkorb
- Oberster Holm der Sprossenwand
- Kreidestriche oder Querfalten auf Trennvorhängen

- Eine Vielfalt an Wurfzielen fordert die Kinder immer wieder zum Werfen heraus.

Weitwerfen in einen Taukreis

Die Kinder behalten die Linienaufstellung bei und versuchen, in einen ca. 12 – 15 Meter entfernten Taukreis zu werfen. Durchmesser des Taukreises: ca. vier Meter.
Organisation wie oben.

- Um den Aufforderungscharakter des Werfens zu erhöhen, wird hier das Weitwerfen mit dem Zielwerfen verbunden. Wurferfolge werden erfahrbar gemacht.
- Die Mädchen werfen von der dem Taukreis näheren Linie.

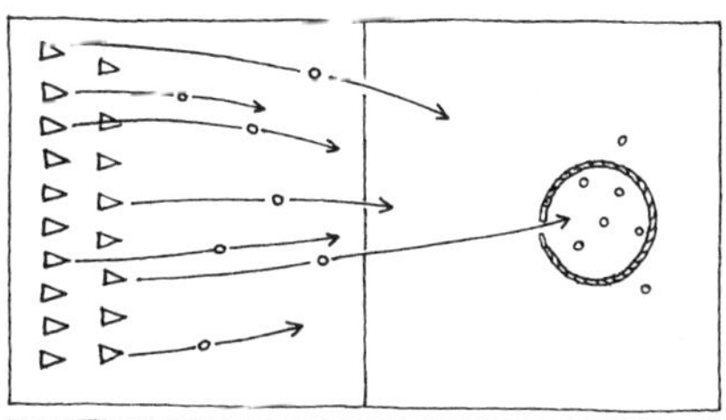

Ausklang

Wurfwettbewerb

Die Kinder bilden drei oder vier gleich große Gruppen. Die Schüler werfen nacheinander in den Taukreis. Für jeden Treffer erhält die Mannschaft einen Punkt. Der Erste der Gruppe zählt die Treffer.

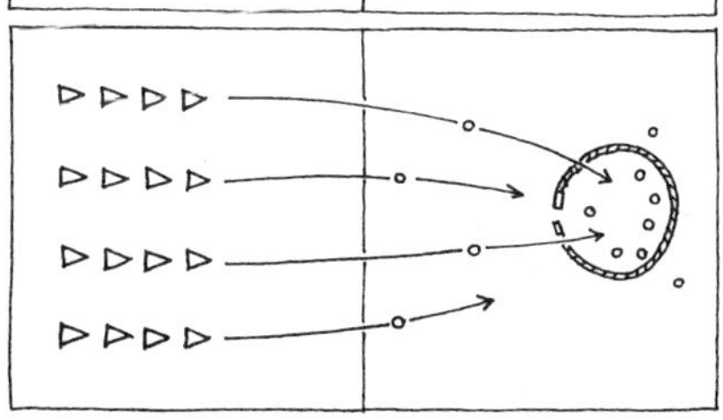

Wettkampfformen in der Gruppe

Lernziele: Anwenden erlernter Fähigkeiten im Wettkampf
Schnelligkeit und Ausdauer
Fairness und Kooperation

Gerätebedarf: Je Schüler ein Bananenkarton, 12 Hütchen, Schlagbälle, fünf bis sechs Gymnastikbälle

Unterrichtsverlauf

Einstimmung

Die Kinder bilden gleich große Fünfer- oder Sechsergruppen. Jede Gruppe bekommt ein Gymnastikseil.

Ausdauer-Biathlon
(Ausdauerlaufen + Zielwerfen)
Auf einer Rundstrecke, die von allen Gruppenmitgliedern mit Handfassung am Seil gemeinsam absolviert werden muss, befinden sich zwei verschiedene Wurfstationen.

Station 1: Zielwurf auf den Bananenkarton
Die Kinder einer Gruppe werfen nacheinander (jeder hat drei Versuche) und versuchen, den Karton umzuwerfen. Gelingt dies nicht, muss der betreffende Schüler eine Strafrunde laufen. Erst wenn er diese beendet hat, darf der Nächste werfen. Haben alle geworfen, geht es gemeinsam weiter zu Station 2.

Station 2: Zielwurf in einen Taukreis
Die Kinder einer Gruppe werfen wieder nacheinander (jeder hat drei Versuche) und versuchen in den Taukreis zu treffen. Gelingt dies nicht, muss der betreffende Schüler eine Straf-

Hinweise und Tipps

- Je nach Rundenlänge laufen die Kinder die Strecke ein oder mehrere Male.
- Jeweils zwei Mannschaften starten gleichzeitig an gegenüberliegenden Punkten.
- Hinweis: „Alle Gruppenmitglieder müssen am Seil zusammenbleiben → Das Tempo so wählen, dass auch die Langsameren mitkommen!"
- Der Erste jeder Gruppe stellt den Karton wieder auf und rollt die Bälle zurück.

- Entfernung des Taukreises von der Abwurfstelle: ca. 12 – 15 Meter
- Durchmesser des Taukreises: ca. fünf Meter
- Der Erste jeder Gruppe rollt die Bälle zurück.

runde laufen. Erst wenn er diese beendet hat, darf der Nächste werfen. Haben alle geworfen, wird die Runde gemeinsam beendet bzw. geht es weiter zu Station 1 (wenn mehrere Runden absolviert werden).

Sprung-Biathlon

(Zielwerfen + Springen)

Die Kinder einer Gruppe werfen nacheinander auf einen Bananenkarton; jeder hat drei Versuche. Gelingt es nicht, das Ziel zu treffen, muss der betreffende Schüler eine Strafrunde über die Sprungstrecke absolvieren. Erst wenn er diese beendet hat, darf der Nächste werfen.

Sprint-Biathlon

(Zielwerfen + Sprinten)

Jede Gruppe besitzt so viele Kartons wie Mitspieler.

Die Kinder bringen die Kartons nacheinander zu einer entfernten Linie und stellen diese dort als Ziel hochkant auf. Wenn die ganze Kartonreihe steht und der letzte Spieler wieder zurückgekehrt ist, müssen die Kartons abgeworfen werden. Dabei werfen die Kinder in Linienaufstellung gleichzeitig. Konnten nicht alle Kartons abgeworfen werden, holen die Kinder gemeinsam ihre Bälle und werfen erneut von der Linie aus. Danach holen sie die Kartons wieder einer nach dem anderen zurück.

- Die Wurfstationen können beliebig verändert werden.

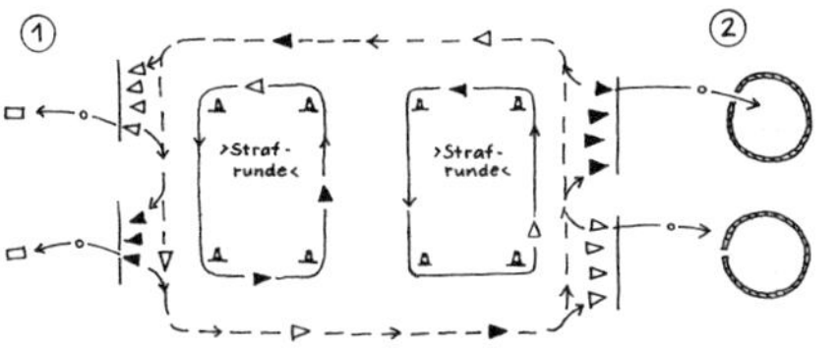

- Alle Gruppen starten gleichzeitig.
- Der Erste jeder Gruppe stellt den Karton wieder auf und rollt die Bälle zurück.

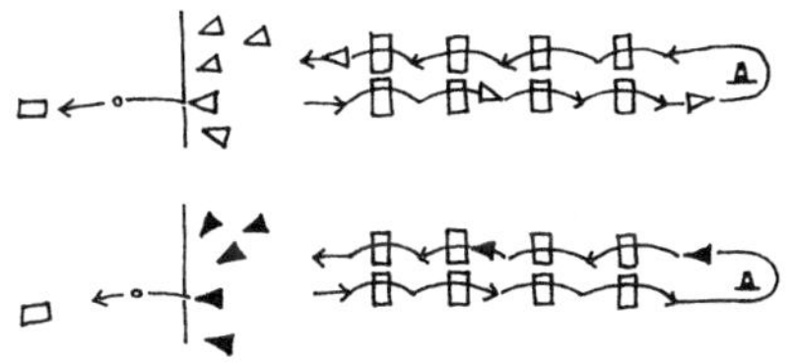

- Falls nicht genügend Kartons (bzw. Kartonhälften) vorhanden sind, können diese auch paarweise transportiert werden. So reduziert sich die benötigte Anzahl auf die Hälfte.
- Im Freien dienen Fähnchen, Hütchen oder auch Kleidungsstücke als Linienersatz.

Spielen mit Bällen

Basketball – Passen und Fangen

Lernziele: Verbesserung der Wurf- und Fangfertigkeit
Erlernen des direkten und indirekten Druckpasses
Kooperation

Gerätebedarf: Je Schüler ein Basket- oder Gymnastikball

Unterrichtsverlauf

Einstimmung

Die Kinder dribbeln mit dem Ball durch die Halle. Wenn sie auf einen Mitschüler treffen

- werfen sie sich gegenseitig die Bälle zu und dribbeln mit dem neuen Ball weiter zum nächsten Kind usw.
- stellen sie sich einander gegenüber auf, werfen den Ball zweimal gleichzeitig hoch und fangen ihn wieder.
- stellen sie sich einander gegenüber auf und werfen den Ball zweimal zum Partner.

Hauptteil

Erlernen des Passens

Gassenaufstellung, die Schüler einer Seite legen ihren Ball hinter die Sprossenwand, sodass jedes Paar einen Ball besitzt:

- Direkter Druckpass (ohne Bodenkontakt)
- Indirekter Druckpass (Bodenpass)

Hinweise und Tipps

- Hinweis: „Überlegt, wie ihr werft, damit die Bälle nicht zusammenstoßen.“

- Hinweis: „Wählt den Abstand so, dass ihr den Ball sicher hin und her passen könnt!“
- Die verschiedenen Passarten werden jeweils von einem Paar demonstriert.

Übungsformen zum Passen und Fangen

Die Kinder bilden Vierergruppen:

- Nach dem direkten/indirekten Druckpass stellt sich der Schüler hinten in der Gruppe an.
- Wer gepasst hat, macht sich klein, sodass der dahinterstehende Spieler den Ball fangen kann.
- Vier Kinder, zwei Bälle: Überkreuz
Ein Paar spielt Bodenpass, das andere Brustpass.
- Vier Schüler, zwei Bälle: Im Kreis
- Aufstellung: 4 : 4
Auf der einen Seite werden Bodenpässe gespielt, auf der anderen Brustpässe. Nach dem Pass wird zur anderen Seite gewechselt (s. Abb.).
- Die Hälfte der Kinder steht mit Ball auf einer Linie an der Hallenlängsseite.
Die anderen Schüler laufen vorbei, bekommen die Bälle zugepasst und passen sie zurück. Nach zwei Durchgängen wechseln die Kinder ihre Position.

- Jede Übung wird demonstriert.
- Beide Passarten üben!
- Immer wieder auf die richtige Technik des Passens verweisen.

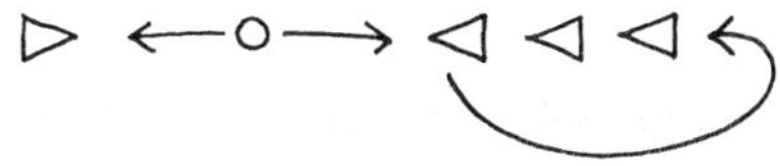

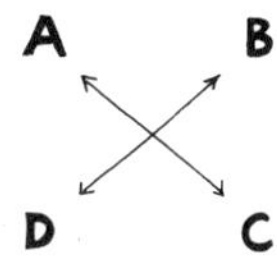

- Wechsel der Passarten

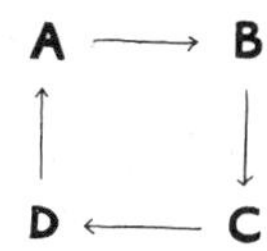

- In beide Richtungen üben

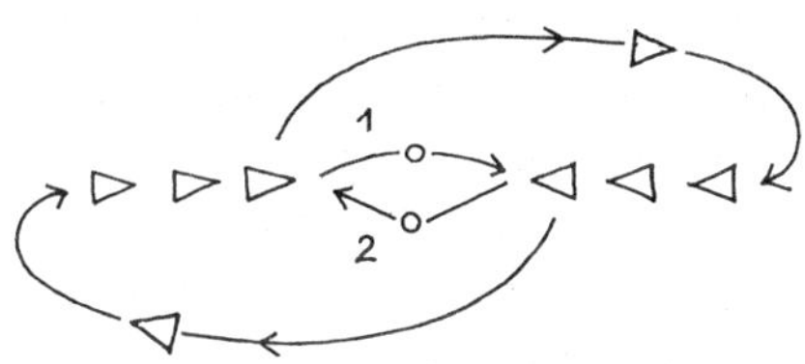

Ausklang

Wanderbasketball

Zwei gleich große Gruppen in Gassenaufstellung.

Die Bälle werden diagonal gepasst. Wenn der Ball am Ende der Gruppe angelangt ist, wird er in der Mitte zurückgerollt.

Variation:

Welche Gruppe hat zuerst zehn Bälle bis zum Ende durchgeworfen, ohne dass ein Ball zu Boden gefallen ist?

- Hinweis: „Wirf erst, wenn dich dein Partner anschaut!“

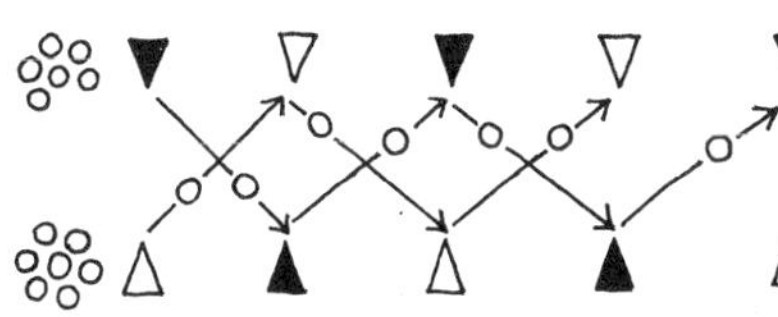

Basketball – Der Korbwurf

Lernziele: Verbesserung der Wurf- und Fangfertigkeit
Erlernen des Korbwurfes
Kooperation

Gerätebedarf: Je Schüler ein Basket- oder Gymnastikball, zwei Kästen, Nummernwesten, ein Kleinkasten, Ringe, ein Reifen, zwei Zauberschnüre, zwei Papierkörbe

Unterrichtsverlauf

Einstimmung

Spiel: „Turmball"
Zwei Mannschaften. Je ein Spieler der Mannschaft steht als Turmwächter mit einem Papierkorb auf einem Kasten am Ende des Feldes.
Die Spieler einer Mannschaft versuchen, sich untereinander den Ball so lange genau und schnell zuzuspielen, bis sich eine Gelegenheit ergibt, dem eigenen Turmwächter auf dem Kasten den Ball in den Papierkorb zu werfen.
Die Spieler der anderen Mannschaft versuchen, die Aktionen des Passens und Fangens zu stören.
Nach einem Punktgewinn erhält die andere Mannschaft den Ball.
Gespräch: Wie wirft man den Ball am sichersten in den Papierkorb?

Hinweise und Tipps

- Beim Turmball wird die oft hektische und unübersichtliche Situation unter dem Korb entschärft und das Ziel wird leichter getroffen.

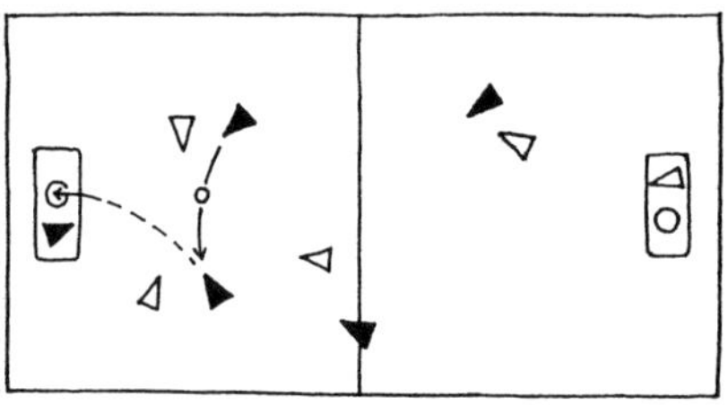

Hauptteil

Die Kinder stellen sich mit Ball mit ca. drei Meter Entfernung vor eine Hallenwand.

- Der Lehrer demonstriert die Würfe.

Erlernen des beidhändigen Standwurfes
Werfen des Balles aus Brusthöhe mit Streckung des Körpers

Erlernen des einhändigen Positionswurfes aus dem Stand

- Beim Auflegen des Balles auf die Wurfhand erfolgt ein Vorhochführen und Drehen der Hände mit dem Ball von der Ausgangsposition vor der Brust in die Wurfposition in Stirnhöhe vor dem Kopf.
- Die Wurfhand mit geknicktem Handgelenk kommt dabei unter den Ball.
- Die Stützhand liegt seitlich am Ball.
- Zum Abdrücken des Balles werden Wurfarm, Beine und Körper gestreckt.
- Die Hand klappt im Handgelenk nach unten (Kobra).

Wurfparcours

Fünf Wurfstationen in Form eines Circuit. An jeder Station übt eine Gruppe mit zwei Bällen. Sie wirft eigenverantwortlich in die Ziele:

- Basketballkörbe
- Sprossenwand (oberste Sprosse treffen)
- Umgedrehter Kleinkasten auf Kasten
- An den Ringen befestigter Reifen

Nach einer bestimmten Zeit (zwei bis drei Minuten) wechselt jede Gruppe zur nächsten Station.

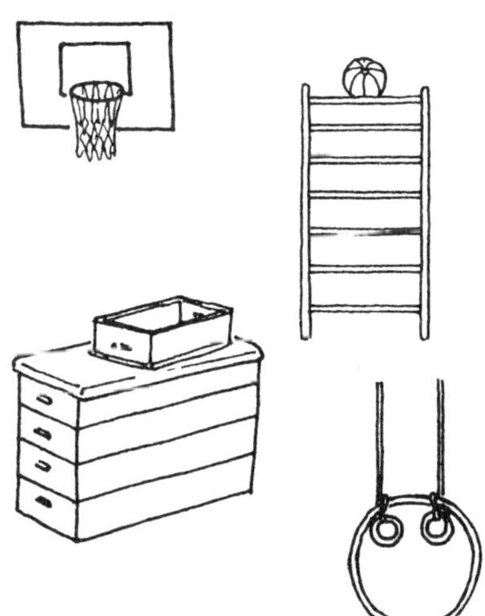

Bandbasketball

Quer durch die Halle werden von Korb zu Korb zwei Zauberschnüre gespannt. Die Kinder bilden sechs Mannschaften. Auf drei Feldern spielen jeweils zwei Mannschaften gegeneinander, welche versuchen, einen

- Der Zielbereich „Korb“ wird durch eine Bandgasse aus Zauberschnüren ersetzt. Der Zielwurf erfolgt dabei auf einen wesentlich größeren Bereich, wodurch der „Korberfolg“ erhöht wird.

Basketball mit einem Zielwurf von oben in die Bandgasse zu werfen.
Regeln:
- Pässe über die Bandgasse sind nicht erlaubt.
- Nach der Eroberung des Balles erfolgt der Angriff von der Grundlinie.

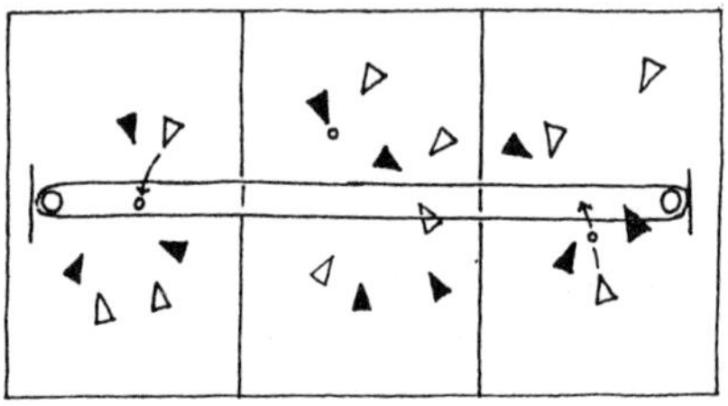

Erfinden neuer Regeln, z. B.:
- Von wo wird der Ball nach einem Treffer ins Spiel gebracht?
- Wie wird ein Spielerfoul geahndet?
- Was geschieht, wenn der Ball die Schnur berührt?

Ausklang

Wurfstaffel

Die Kinder bilden zwei gleich große Reihen vor den Basketballkörben.
Welche Mannschaft schafft die meisten Punkte?
Korbwurf: drei Punkte
Ring: zwei Punkte
Brett: ein Punkt

- Zeitbegrenzung
- Einhändiger und beidhändiger Standwurf

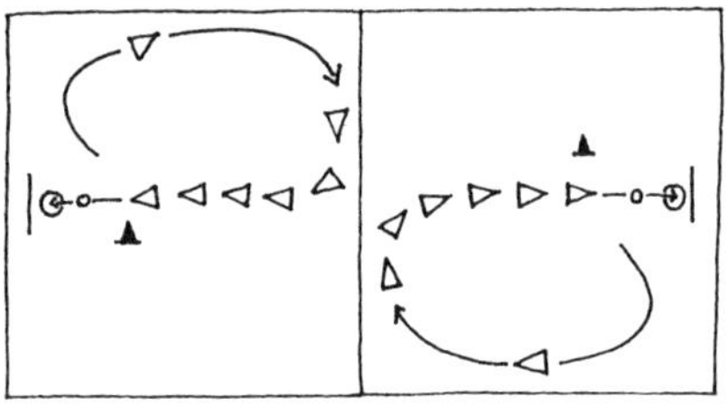

Basketball – Dribbeln

Lernziele: Verbesserung der Dribbeltechnik
Steigerung von Gewandtheit und Ballsicherheit
Kreativer Umgang mit dem Ball
Kooperation

Gerätebedarf: Je Schüler ein Basket- oder Gymnastikball, 14 Hütchen

Unterrichtsverlauf

Einstimmung

Dribbelspiele

- Alle Kinder dribbeln durcheinander. Wenn sich zwei Schüler treffen, begrüßen sich beide, indem sie sich die freie Hand geben und „Hallo“ sagen.
- Alle dribbeln in einem abgegrenzten Raum. Keiner darf mit dem anderen zusammenstoßen.
- „Dribbelchaos“: Jedes Kind versucht während des Dribbelns durch die Halle seinen Mitspielern den Ball aus der Hand zu schlagen. Dabei ist keine Körperberührung des Gegners erlaubt!

Hinweise und Tipps

Technik des Dribbelns:

- Die Finger liegen gespreizt auf dem Ball.
- Der Ball wird nicht geschlagen, sondern durch Strecken und Beugen des Unterarmes nach unten gedrückt und wieder angesaugt.

- Darauf achten, dass mit der rechten und linken Hand geübt wird.

Hauptteil

Schattendribbeln

Die Kinder verteilen sich in der Halle mit Blick zum Lehrer. Sie machen spiegelbildlich die verschiedenen Arten des Dribblings nach, die der Lehrer vormacht, z. B.:

- Mit der rechten/linken Hand, beidhändig
- Im Stehen, Sitzen, Liegen
- Hoch, tief
- Mit Wechsel der Hände

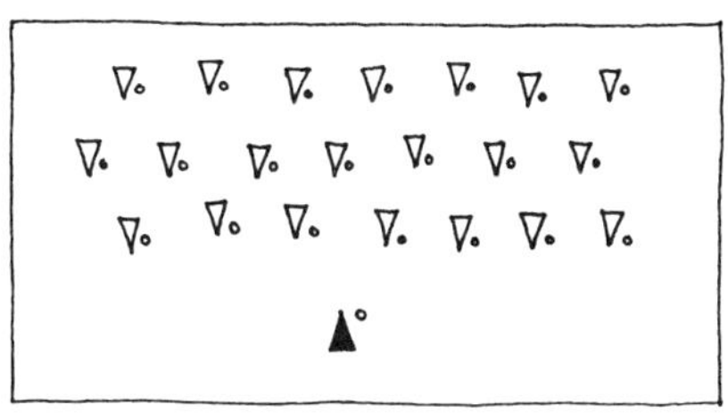

- Mit Drehung um die eigene Achse
- Durch ein nach vorne gespreiztes Bein

Paarweises Schattendribbeln
- Partner 1 macht Dribbelformen mit dem Ball vor, Partner 2 steht gegenüber und macht alles spiegelbildlich nach.
- Partner 1 „dribbelt" pantomimisch ohne Ball, Partner 2 macht mit Ball alles nach.

Richtungsdribbeln
Die Kinder verteilen sich wieder mit Blick zum Lehrer. Der Lehrer streckt den rechten oder linken Arm aus und gibt damit die Richtung an, in die sich die Schüler dribbelnd mit Seitanstellschritten bewegen.

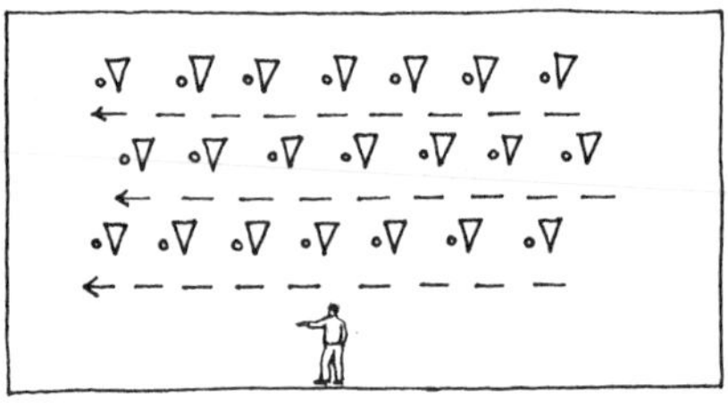

Paarweises Richtungsdribbeln
Die beiden Partner stehen sich gegenüber. Ein Partner dribbelt mit Seitanstellschritten und Richtungswechsel, der andere Partner geht mit.

Slalomdribbeln
Die Kinder bilden zwei gleich große Mannschaften. Sie dribbeln im Slalom um die Hütchen und auf der Geraden wieder zurück:
- Zuerst im Gehen, dann Tempo etwas steigern
- Mit der rechten/linken Hand, mit Wechsel der Hände

Die jeweils hintere Hälfte der Mannschaft setzt sich hinter das letzte Hütchen gegenüber. Die ersten zwei

- Hinweis: „Beginne, wenn dein Vorgänger am dritten Hütchen angekommen ist. Überhole nicht."
- „Wähle dein Tempo so, dass du den Ball möglichst nicht verlierst."

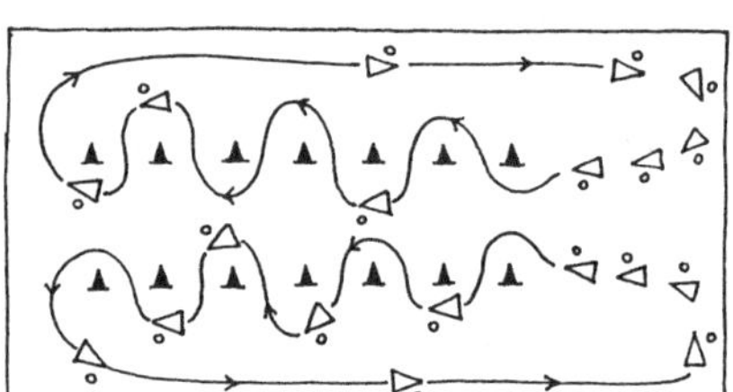

Schüler jeder Mannschaft starten nach Handsignal. Sie treffen sich etwa in der Mitte der Strecke. Dort versuchen sie aneinander vorbeizukommen, ohne den anderen zu behindern.
Variante: Beim Treffen wechseln sie die Bälle, ohne ihr Dribbling zu unterbrechen.

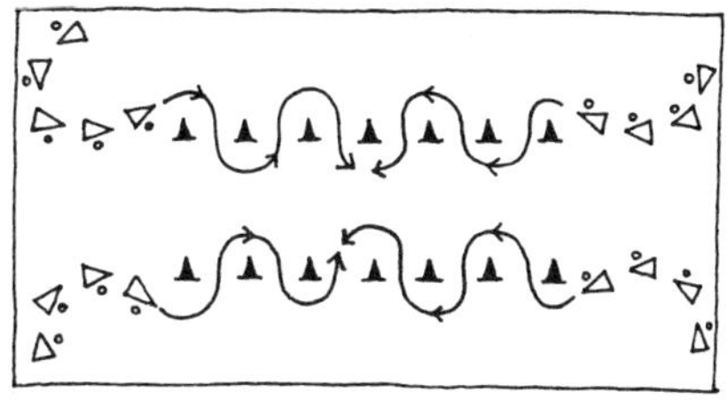

Ausklang

Blind dribbeln
Partner 1 (ohne Ball) führt Partner 2 an der Hand durch die Halle. Partner 2 hat die Augen geschlossen und versucht zu dribbeln. Partner 1 achtet darauf, dass es zu keinem Zusammenstoß kommt.

Basketball-Spiele gegeneinander und mit Störer

Lernziele: Stören der Ballannahme und des Abspiels
Freilaufen
Erkennen des Spielgedankens, Befolgen von Regeln

Gerätebedarf: Basket- oder Gymnastikbälle, Plakat, Hütchen

Unterrichtsverlauf

Einstimmung

Tratzball 2 : 1

Zwei Kinder versuchen, durch ständiges Abspiel in Ballbesitz zu bleiben. Der Dritte („in der Tratz“) ist bestrebt, den Ball abzufangen. Gelingt das Wegschnappen bzw. Berühren des Balles, erfolgt Rollentausch mit demjenigen Spieler, der den Ball zuvor geworfen hat.

Hinweise und Tipps

- Bei diesem Spiel wird die Notwendigkeit eines genauen Zuspiels und einer sicheren Ballannahme ersichtlich.
- Hinweis: „Wende alle erlernten Passarten an.“
  → Demonstration

Hauptteil

Tigerball (Tratzball) 3 : 2

Drei Schüler versuchen, durch ständiges Abspiel in Ballbesitz zu bleiben. Die anderen Zwei („in der Tratz“) sind bestrebt, den Ball abzufangen. Gelingt das Wegschnappen bzw. Berühren des Balles, erfolgt Rollentausch mit demjenigen Spieler, der den Ball zuvor geworfen hat.

- Auch bei diesem Spiel wird die Notwendigkeit eines genauen Zuspiels und einer sicheren Ballannahme ersichtlich.

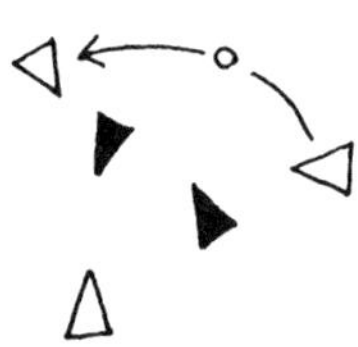

Die Kinder bilden sechs gleich große Gruppen. Auf drei Querfeldern spielen jeweils zwei Mannschaften gegeneinander.

Parteiball 4 : 4 (o. Ä.)

Jede Mannschaft versucht, durch ständiges Abspiel in Ballbesitz zu bleiben bzw. zu kommen.

- Es empfiehlt sich, leistungshomogene Gruppen zu bilden, damit auch schwächere Schülerinnen und Schüler den Ball bekommen.

Gespräch: Wie bleibt man möglichst lange in Ballbesitz und wie gelingt es, den Ball zu bekommen?

→ Stören der Ballannahme und des Abspiels
Was ist erlaubt und was nicht?

Die zwei Mannschaften im mittleren Spielfeld demonstrieren das Stören der Ballannahme und des Abspiels.

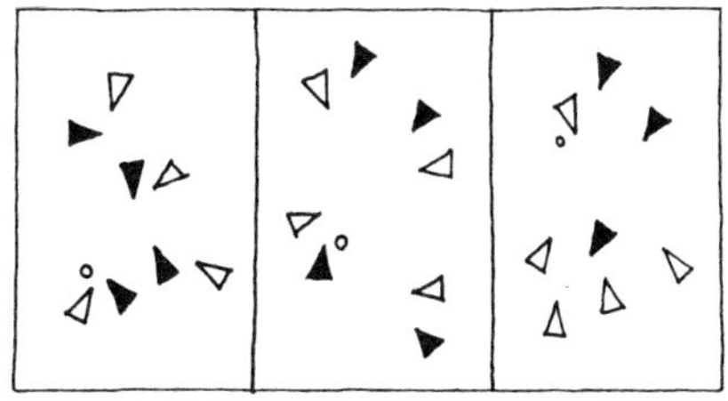

Der Lehrer erklärt, was zum Foulspiel gehört.

Foulspiel

Rempeln Festhalten

→ Freilaufen

Die zwei Mannschaften im mittleren Spielfeld demonstrieren das Freilaufen und sich Anbieten.

Erweitern der Regeln beim Parteiballspiel

- Zeitregel: Der Ball darf nur drei Sekunden gehalten werden und muss dann abgespielt werden.
- Schrittregel: Mit dem Ball in der Hand dürfen nur drei Schritte gelaufen werden.

- Die Regeln sollten sich als notwendige Erfordernis aus dem Spielgeschehen der Kinder entwickeln und von den Kindern aufgestellt werden. Ergibt sich beispielsweise das Problem, dass einige Kinder mit dem Ball in der Hand quer durchs Spielfeld laufen → Schrittregel.

Ausklang

Gespräch

Welche Regeln brauchen wir und warum?

→ Fixieren der Regeln auf einem Plakat

Das Plakat wird aufbewahrt und in darauffolgenden Stunden ergänzt.

Streetball

Lernziele: Erkennen des Spielgedankens, Befolgen von Regeln
Anwenden von erlernter Technik und Taktik im Spiel
Kooperation

Gerätebedarf: Basketbälle, Nummernwesten

Unterrichtsverlauf

Einstimmung

Spiel: „Glucke und Geier"

Die Kinder gehen zu dritt zusammen. Der „Geier" will das „Küken" abschlagen. Die „Glucke" schützt es mit ihrem Körper (ohne Gebrauch der Hände), indem sie durch schnelle Beinbewegungen immer zwischen „Geier" und „Küken" bleibt.

- Ohne Ball
- Der „Geier" dribbelt.
- Die „Glucke" hält dabei einen Ball über den Kopf (siehe Abb.).

→ „Geier" und „Küken" dribbeln.

Hinweise und Tipps

- Die Spieler tauschen nach jedem Durchgang die Rollen.

Spiel: „Bälle klauen"

Alle Kinder dribbeln durch die Halle und versuchen, sich die Bälle ohne Körperkontakt wegzuschlagen.
Verlorene Bälle werden wieder geholt.
Zusätzlich darf man dem anderen mit der Hand einen Klaps aufs Gesäß geben.

Hauptteil

Streetball

Zwei Mannschaften von vier bis fünf Schülern spielen auf einen Basketballkorb. Die in den letzten Stunden erarbeiteten Regeln werden wiederholt und ergänzt.

- Es empfiehlt sich, leistungshomogene Gruppen zu bilden, damit auch schwächere Schüler den Ball bekommen.

- Es gibt keinen Schiedsrichter. Bei Unstimmigkeiten müssen sich die Gegner einigen.
- Wer einen Korb erzielt, bleibt in Ballbesitz. Bei Ballbesitzwechsel und nach einem Korberfolg muss der neue Angriff von außerhalb der Drei-Punkte-Linie erfolgen.
- Bei Foulspiel und Regelübertretungen gibt es Einwurf von der Seitenlinie. Der Einwurf geschieht in beliebiger Wurfart.
- Ein Korberfolg zählt zwei Punkte.

→ Zunächst wird ohne Dribbeln gespielt. Das Dribbeln wird erst hinzugenommen, wenn der Spielgedanke gefestigt ist.

- Kommen aufgrund einer großen Klassenstärke mehr als vier Gruppen zustande, werden die übrigen Mannschaften nach einer bestimmten Spielzeit eingewechselt.

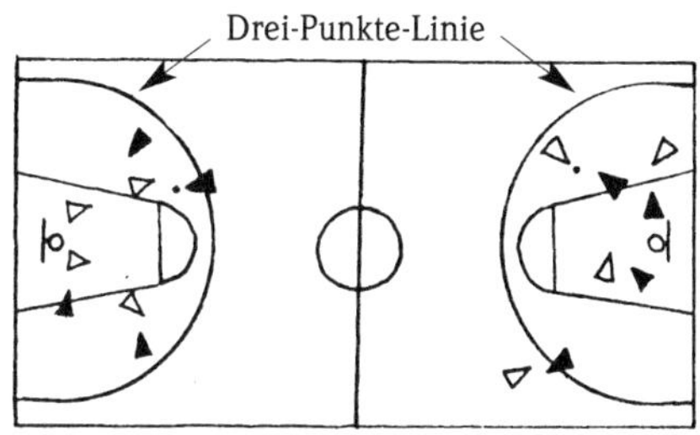

- Regelübertretungen beim Streetball (Übersicht siehe S. 178)

Ausklang

Gespräch

Welche Regeln brauchen wir und warum?

→ Fixieren der Regeln auf einem Plakat, z. B.:

- Drei-Sekunden-Regel
- Drei-Schritt-Regel

- Die Regeln sollten sich als notwendige Erfordernis aus dem Spielgeschehen der Kinder entwickeln und von den Kindern aufgestellt werden. Ergibt sich beispielsweise das Problem, dass Kinder den Ball zu lange festhalten und damit den Spielfluss unterbrechen, erfordert dies die Drei-Sekunden-Regel, das heißt, der Ball muss nach drei Sekunden abgespielt werden. Oder ein Spieler läuft mit dem Ball in der Hand quer durch das ganze Spielfeld → Drei-Schritt-Regel.
- Das Plakat wird aufbewahrt und in darauffolgenden Stunden ergänzt.

Regelübertretungen beim Streetball

Laufen mit dem Ball

Dribbeln mit beiden Händen gleichzeitig

Fausten

absichtliches Fußspiel

Doppeldribbling =
Dribbeln, dann den Ball fangen und wieder dribbeln

Kunststücke mit dem Ball

Lernziele: Kunststücke mit dem Ball erfinden, ausführen und abwandeln
Verbesserung der Wurf- und Fangfertigkeit
Koordination, Konzentration, Kooperation

Gerätebedarf: Je Schüler ein Gymnastikball

Unterrichtsverlauf

Einstimmung

Freie kreative Phase

Die Kinder verteilen sich frei in der Halle und erfinden Kunststücke mit dem Ball.

Hinweise und Tipps

Hauptteil

Sammeln der Ergebnisse.
Demonstration der verschiedenen Elemente durch Schüler bzw. den Lehrer; Nachmachen und Üben der Elemente.

- Die Kinder bilden ein großes Oval, sodass jeder jeden sehen kann. Reihum machen die Kinder nacheinander jeweils eine Übung vor, die die anderen nachmachen.

Einzelübungen (Vorschläge)

- Prellen im Stehen und Gehen, mit Drehen, Handwechsel, Rhythmuswechsel etc.
- Den Ball in hohem Bogen von einer Hand in die andere Hand werfen.
- Achterkreisen im Stehen mit gegrätschten Beinen,
  Achterkreisen im Sitzen (Beinschere),
  Achterkreisen im Liegestütz (Ball wird um die Unterarme geführt, Handwechsel).
- Den Ball in den Nacken legen, loslassen, den Rücken hinabrollen lassen und hinter dem Rücken auffangen.

- Den Ball hochwerfen und hinter dem Rücken fangen, den Ball hinter dem Rücken hochwerfen und vor der Brust fangen.
- Den Ball bei geschlossenen Augen hochwerfen und fangen.

Partnerübungen
Jedes Paar besitzt zwei Bälle.

„Duodribbling“
Zwei Partner geben sich die Hand und dribbeln mit der freien Hand zunächst am Ort, dann in der Fortbewegung.

„Tänzchen“
Zwei Partner legen ihre Hände in Hochhalte aneinander und drehen sich im Kreis, mit der freien Hand dribbeln sie. Hand- und Richtungswechsel.

„Blindflug“
Zwei Partner geben sich die Hand. Partner A schließt die Augen und prellt blind den Ball, während ihn der andere führt. Wechsel.

„Zwei-Ball-Kreuzen”
Die beiden Partner stehen nebeneinander. A wirft mit Schockwurf den Ball zu B. Wenn sein Ball den höchsten Punkt erreicht hat, wirft B seinen Ball zu A.

- Hinweis: „Nicht zu schnell rollen und nicht zu früh werfen!“

„Fließband“
Die Partner stehen sich mit einem Abstand von ca. fünf Metern gegenüber. Partner A hat zwei Bälle. Er rollt den ersten Ball sanft zu Partner B. Ist

der Ball fast bei B, setzt A den zweiten Ball auf und B wirft seinen Ball zu A (A rollt – B wirft).

Übungen in der Vierer-Gruppe

„Rhythmo“
Aufstellung im Quadrat, Abstand ca. zwei Meter.
Der Ball wird im gleichen Rhythmus nach rechts oder links
- gerollt.
- indirekt gepasst (Bodenpass).
- geworfen.
- einmal getippt und gepasst.
- einmal hochgeworfen und gepasst.

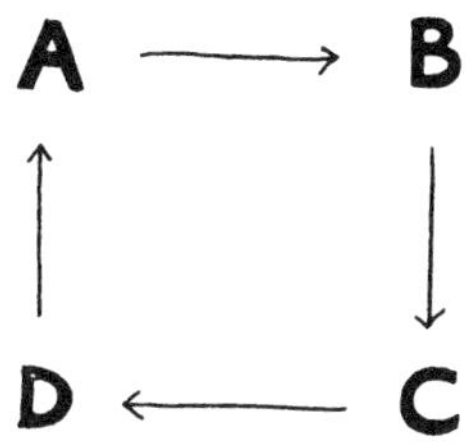

„Stern“
Die Kinder passen überkreuz: A und C sowie B und D passen miteinander.

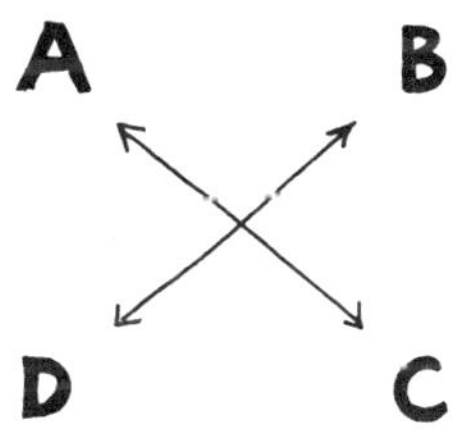

Die Gruppen erfinden Kunststücke, die sie im Anschluss vorführen dürfen.

Ausklang

Ergebnispräsentation
Jeweils zwei oder drei Gruppen führen ihre Ergebnisse gleichzeitig vor.

- Würdigung aller Ergebnisse
- Herausstellen der Originalität jedes Beitrags

Literaturverzeichnis

Bayerisches Staatsministerium für Unterricht, Kultus, Wissenschaft und Kunst (Hrsg.): Lehrerfortbildung für den Sportunterricht in Bayern. Auf- und Abwärmen – aber richtig! München. 1999.

Bayerisches Staatsministerium für Unterricht und Kultus (Hrsg.): Einführung in den Lehrplan Sporterziehung für die Grundschule der 1./2. Jahrgangsstufe. München. 2000.

Bayerisches Staatsministerium für Unterricht, Kultus, Wissenschaft und Kunst (Hrsg.): Lehrerfortbildung für den Sportunterricht in Bayern. Handreichung zur Einführung in den Fachlehrplan Sport für die Hauptschule. München. 1996.

Bayerisches Staatsministerium für Unterricht, Kultus, Wissenschaft und Kunst (Hrsg.): Lehrerfortbildung für den Sportunterricht in Bayern. Schwimmen. München. 1997.

Blume, Michael: Akrobatik: Training – Technik – Inszenierung. Aachen. 1992.

Blume, Michael: Akrobatik mit Kindern. Aachen. 1995.

Brattinger, Werner/Scheid, Alois: Sport 3/4. Sportstunden mit Pfiff. Wolf Lernplanung. Regensburg. 1997.

Bucher, Walter: 1008 Spiel- und Übungsformen im Gerätturnen. Schorndorf. 1992.

Bruckmann, Marita: Gerätturnen für alle. Celle.

Bruckmann, Marita: Wir turnen miteinander. Stuttgart. 1992.

Deutscher Basketball Bund: Spiel doch den roten Ball. Hagen.

Elbert, Marina/Reichelmeier, K.: Sportkartei 1./2. Band II Geräteturnen. Puchheim. 1993.

Faust, Ursula u. a.: Sport unterrichten. 58 Stundenbilder für das 2. Schuljahr. Donauwörth. 1993.

Faust, Ursula u. a.: Sport unterrichten. 116 Stundenbilder für das 3. Schuljahr. Donauwörth. 1997.

Faust, Ursula u. a.: Sport unterrichten. 104 Stundenbilder für das 4. Schuljahr. Donauwörth. 1994.

Finnigan, Dave: Alles über die Kunst des Jonglierens. Du Mont. Köln. 1988.

Franke, Ismene/Lösch, Myriam: Sport 1/2. Sportstunden mit Pfiff. Wolf Lernplanung. Regensburg. 1996.

Garreis, Gerd/Krug, Marion: Sport 5/1. Sportstunden mit Pfiff. Wolf Lernplanung Regensburg. 1997.

Haupt, Udo/Schmaus, Luise/Winterstetter, S.: Praxis des Sportunterrichts in der Grundschule. München. 1987.

Kalbfleisch, Susan: Skipping. Das ideale Fitness-Training. Waldeck. 1988.
Katzenbogner, Hans/Medler Michael: Spielleichtathletik. Teil 1: Laufen und Werfen. Neumünster. 1997.
Katzenbogner, Hans/Medler Michael: Spielleichtathletik. Teil 2: Springen und Wettkämpfen. Neumünster. 1993.
Kolleger, Manfred: Körpererfahrung im Gerätturnen. Wiesbaden. 1995.
Riesz-Hernelius, Marika: Ropeskipping. Nacka. 1988.
Schneider, Otto: Basketball-Handbuch für Lehrer, Übungsleiter und Trainer. Zorneding. 1984.
Staatliche Lehrerfortbildung in Bayern: Fortbildung in Basketball. Skript zur Fortbildung.
Turnbezirk Schwaben: Grundschul-Knaxiade. Spiel- und Übungsformen. Kempten. 1998.
Wörle, Markus: Entspannung mit Musik. In: Grundschulmagazin. 10/98.